Schriften
des
Vereins für Sozialpolitik.

**Deutsche
Zahlungsbilanz und Stabilisierungsfrage.**

Im Auftrage des Vereins
veranstaltet von
Karl Diehl und Felix Somary.

166. Band.

Herausgegeben von Franz Eulenburg.

Zweiter Teil.
Die Politik der Reichsbank und die Reichsschatzanweisungen nach dem Kriege.

Verlag von Duncker & Humblot.
München und Leipzig 1924.

Die Politik der Reichsbank
und
die Reichsschatzanweisungen nach dem Kriege.

Von

Alfred Lansburgh

Verlag von Duncker & Humblot.
München und Leipzig 1924.

Alle Rechte vorbehalten.

Altenburg, Thür.
Pierersche Hofbuchdruckerei
Stephan Geibel & Co.

Die Politik der Reichsbank und die Reichsschatzanweisungen nach dem Kriege.

Von

Alfred Lansburgh.

Inhalt.

		Seite
1.	Grundsätzliches zur Frage der Deckung des außerordentlichen Reichsbedarfes	3
2.	Die Reichsbank zur Zeit des Waffenstillstandes	12
3.	Die Reichsfinanzpolitik nach dem Kriege	23
4.	Reichsbank, Reichsschatzanweisungen und Kapitalmarkt	35
5.	Die Reichsbank und die Währung	45

1. Grundsätzliches zur Frage der Deckung des außerordentlichen Reichsbedarfes.

Als die Bevollmächtigten des Deutschen Reichs am 11. November 1918 den Waffenstillstandsvertrag unterzeichneten, der dem größten aller modernen Kriege ein Ende machte, stand das Reich zum zweiten Male vor der schwerwiegenden Frage, nach welchen Grundsätzen es die Anforderungen eines außerordentlichen, die Größenmaße eines Normalhaushalts bei weitem überragenden Finanzprogramms decken wollte. Das erstemal hatte der Ausbruch des Krieges die Reichsregierung zu einer überstürzten Entschließung gezwungen. Aber dieses Mal war die Not noch größer und das Gebot, schnell zu handeln, ja zu improvisieren, noch zwingender. Für die Durchberatung eines weitsichtigen Finanzplanes, den man ausreifen lassen und ordnungsmäßig durchführen konnte, fehlten sowohl die Zeit wie der autoritative Beratungskörper. Man mußte also zum mindesten in diesem ersten Stadium der Nachkriegszeit an der Finanzierungsmethode der Kriegsjahre festhalten.

Bei Kriegsausbruch hatte man grundsätzlich die Wahl zwischen drei Arten der Kostendeckung gehabt: die Subvention des Auslandes, erhoben in Form von äußeren Anleihen; die periodische Heranziehung von Kapital und Einkommen im Lande selbst durch fundierte innere Anleihen und Steuern; endlich das Abschöpfen der sich ununterbrochen regenerierenden Einkommen durch die ebenso ununterbrochene Ausgabe kurzfristiger Schuldverschreibungen, die jeden Splitter überschüssiger Kaufkraft sofort nach Entstehen in die Reichskasse leiteten, noch bevor sich die Splitter zu größeren Beträgen akkumuliert hatten. Von diesen drei Möglichkeiten schied die erste, die Aufnahme von Auslandsanleihen, für Deutschland fast vollständig aus, weil gerade die größten Geldmärkte politisch oder wirtschaftlich nach dem feindlichen Lager gravitierten. Es standen also nur die beiden Deckungsarten der fundierten Anleihe mit ergänzenden Steuern oder der kurzfristigen (schwebenden) Schuld zur Wahl.

Die öffentliche Meinung in Deutschland, die sich schon seit dem Herbst 1911 (nach Agadir) theoretisch mit der Frage der Kriegsfinanzierung beschäftigt hatte, trat durchweg für die zweite dieser beiden Deckungsarten ein, wenn auch auf Grund der allerverschiedensten Überlegungen. Die einen führte der Zweifel am sofortigen Erfolg einer nationalen Kriegsanleihe gewaltigen Ausmaßes und die Besorgnis, daß unpopuläre Steuern die gehobene vaterländische Stimmung beeinträchtigen könnten, zum Prinzip der schwebenden Schuld, d. h. zur Ausgabe von kurzfristigen Wechseln und Anweisungen des Reiches. „Fundierte Anleihen kommen während des Krieges überhaupt nicht in Frage. Der Typus des zweckmäßigsten Kreditinstrumentes für die Dauer des Krieges ist der Schatzschein," erklärte Biermer apodiktisch in einem 1912 gehaltenen Vortrage [1]. Die Mehrzahl der Volkswirte und Finanzleute, die sich damals öffentlich äußerten, ging aber von einer noch viel pessimistischeren Auffassung aus, nämlich von der Ansicht, daß sich Riesensummen, wie sie ein moderner Krieg erfordert, in Deutschland überhaupt nicht, weder durch Steuern, noch durch Anleihen, noch auf einem sonstigen natürlichen Wege beschaffen ließen. Sie alle traten für die Deckung mittels Schatzanweisungen ein, nicht etwa in der Erwartung, daß sich so die Gelder würden lockern lassen, die auf andere Weise nicht aus der Wirtschaft herauszubrechen waren, sondern deshalb, weil sie in der Schatzanweisung die technische Vorbedingung für die Finanzierung des Krieges mit Papiergeld sahen.

Die kurzfristigen Schuldverschreibungen des Reiches waren nach § 13 des Bankgesetzes grundsätzlich den kaufmännischen Wechseln gleichgestellt, d. h. bei der Reichsbank diskontfähig und als Notendeckung geeignet. Diese Bestimmung setzte das Reich in den Stand, den Krieg genau so zu finanzieren, wie ein kreditwürdiger Kaufmann irgendeine Transaktion finanzierte, für die seine verfügbaren Mittel nicht ausreichten: durch Bezahlung der Lieferanten und sonstigen Gläubiger mit Wechseln, die jene an die Reichsbank zum Diskont weitergaben. Man hatte sich daran gewöhnt, in der Reichsbank die letzte Kreditquelle des Landes zu erblicken, die dem, was man das „Geldbedürfnis" der Wirtschaft nannte, innerhalb bestimmter Grenzen mit Hilfe ihres Notenausgaberechts genügte. Es lag also nahe, diese Elastizität des Geldwesens auch für den außerordentlichen Bedarf des Reiches nutzbar zu

---

[1] Magnus Biermer: Die finanzielle Mobilmachung. Gießen 1912, S. 51.

machen. War das innerhalb der gesetzlichen Grenzen der Goldeinlösung, der Drittelbeckung und der sogenannten indirekten Kontingentierung nicht möglich, weil der anormale Reichsbedarf über die Größenmaße des normalen Privatbedarfes weit hinausging, so mußten eben bei Kriegsausbruch jene Grenzen durch Gesetz oder Verordnung beseitigt werden. M. von Stroell, Direktor der Bayerischen Notenbank, sprach es offen aus[1], daß Deutschland im Falle des Krieges mit einer feindlichen Koalition den Notenumlauf der Reichsbank durch folgende Maßnahmen unbeschränkt ausdehnungsfähig machen müsse: Suspension der Barzahlungen, Beseitigung der Drittelbeckung, Zwangskurs für Banknoten und Reichskassenscheine, Ausgabe von Darlehenskassenscheinen als Hilfsgeld, ja sogar Unterdrückung der Veröffentlichung der Reichsbankausweise. Denselben Standpunkt nahm der Direktor der Deutschen Bank von Gwinner ein, der bereits 1911 in der Sitzung des preußischen Herrenhauses vom 22. Juni erklärt hatte: „Kriege, wenigstens moderne, können nur mit Steuern und Papiergeld geführt werden, nicht mit Anleihen." Auch Rießer forderte 1913, daß die Reichsbank instand gesetzt werde, den Geldbedarf der Mobilmachungstage und der ersten sechs Kriegswochen, wenigstens provisorisch, mit Hilfe verstärkter Notenausgabe zu decken[2]. Und Plenge trat für die Konzentrierung der umlaufenden Goldmünzen bei der Reichsbank und eine Ersetzung der Drittelbeckung durch eine Neunteldeckung ein, damit die Bank auf der Grundlage eines Barbestandes von drei Milliarden Mark Gold den Notenumlauf in kritischen Zeiten bis auf 27 Milliarden steigern könnte[3].

Über die währungswirtschaftlichen Folgen einer derartigen Finanzierung des Krieges mit Hilfe der Notenpresse machte man sich nicht allzuviel Kopfzerbrechen. Rießer stimmte zwar in seinem Buche über die finanzielle Kriegswirtschaft ausdrücklich den Bedenken bei, die einige Jahre vorher in der Zeitschrift „Die Bank" gegen das Wirtschaften mit der metallisch ungedeckten Note erhoben worden waren, mit der „wohl der einzelne Mensch, nicht aber das Verkehrsleben als Ganzes sich düpieren läßt"[4]. Die Mehrzahl der Volkswirte

---

[1] Im Bank-Archiv, September 1912.
[2] J. Rießer: Finanzielle Kriegsbereitschaft und Kriegführung, Jena 1913.
[3] Johann Plenge: Von der Diskontpolitik zur Herrschaft über den Geldmarkt, Berlin 1913.
[4] Alfred Lansburgh: Kriegskostendeckung. „Die Bank", Jahrg. 1911, S. 707 ff., insbesondere S. 713.

und Praktiker aber hielt sich mit quantitätstheoretischen und Deckungsbedenken nicht auf oder ordnete sie der vermeintlichen Staatsnotwendigkeit unter. Als sich dann im Kriege selbst die ersten verderblichen Folgen einer inflationistischen Geldpolitik zu zeigen begannen, setzte man sich darüber mit der Erwägung hinweg, der ein österreichischer Schriftsteller folgendermaßen Ausdruck verliehen hat: „Der Staat muß . . . zu einer eigentümlichen indirekten Steuer greifen, welche die individuellen Einkommen nicht unmittelbar und physisch ergreift, sondern ihnen durch Emission neuen Geldes eine Quote ihrer Kaufkraft entzieht." Man sah also in den Verlusten, die dem einzelnen Staatsbürger durch die Wertminderung des Landesgeldes zugefügt wurden, eine Kriegssteuer wie jede andere. Völlig in Vergessenheit geraten war, was eine Autorität wie Adolf Wagner seinerzeit mit geradezu brutaler Aufrichtigkeit gesagt hatte: daß nämlich ein Rechtsstaat, der sich in einer Notlage mit der Verschlechterung der Währung hilft, sich in Wirklichkeit hilft „mit Raub und Betrug und ungleichmäßiger Belastung des einzelnen für die Staatsausgaben".[1]

Den Forderungen von Theorie und Praxis entsprechend sind dann, als der lange gefürchtete Krieg tatsächlich ausbrach, alle erforderlichen Maßnahmen getroffen worden, um die Übernahme großer Beträge Reichsschatzanweisungen durch die Reichsbank zu ermöglichen. Die Goldeinlösungspflicht der Bank wurde suspendiert, vorsorglich auch die Dritteldeckungsklausel; die indirekte Kontingentierung des Notenumlaufes (durch eine 5 prozentige Steuer) wurde ebenfalls beseitigt; die Aktionskraft der Bank für Reichszwecke wurde verstärkt, indem die Ansprüche der Privatwirtschaft zum Teil auf neuerrichtete Lombardkassen (Darlehnskassen) abgelenkt wurden, die zur Ausgabe eigener Kassenscheine berechtigt waren. Vor allem aber wurden die Schatzanweisungen des Reiches mit einer Laufzeit bis zu drei Monaten unbeschränkt diskontfähig gemacht. Bis dahin durften die Schuldverschreibungen des Reiches nur dann von der Reichsbank angekauft werden, wenn sie denselben Erfordernissen genügten wie die Wechsel, d. h. wenn sie außer der Unterschrift des eigentlichen Schuldners noch die Unterschrift mindestens eines Mitverpflichteten trugen. Jetzt sollte das Schuldanerkenntnis des Reiches genügen, um sie diskontfähig zu machen. Die Reichsbank durfte fortan kurzfristige Reichsschuldverschreibungen (Schatzscheine)

---

[1] Adolf Wagner: Finanzwissenschaft I, S. 173.

nicht nur in der Form gezogener Wechsel, sondern auch dann disfontieren, wenn sie eine Anweisung des Reiches an das Schatzamt, also an sich selbst darstellten. Mit anderen Worten: die Schatzanweisung wurde dem Schatzwechsel gleichgestellt. Die volkswirtschaftliche Literatur behandelt denn auch die beiden Begriffe seither als synonym.

Diese bank- und münzgesetzlichen Änderungen bedeuteten indes an und für sich noch keineswegs, daß die Deckung des Reichsbedarfs während des Krieges nunmehr einfach auf die Notenpresse abgewälzt wurde. Die Absicht bei Erlaß der verschiedenen Gesetze und Verordnungen ging allerdings dahin, zunächst einmal die Erfordernisse der Mobilmachung und der ersten Kriegswochen mit Hilfe eines aller Fesseln ledigen Notenausgaberechtes der Reichsbank zu bestreiten; im Hinblick hierauf hatte die Bank schon seit längerer Zeit einen Vorrat an kleinen Banknoten in etwa der doppelten Höhe ihres Normalumlaufes ausgabefertig bereitgehalten. Diese Art der Kostendeckung sollte aber nur ein Provisorium sein. So bald als möglich, nämlich nach dem ersten entscheidenden Siege und unter Ausnutzung der dadurch verstärkten nationalen Opferwilligkeit, sollte dieses Provisorium von dem Definitivum einer großen fundierten Anleihe abgelöst werden. Außerdem sollte die Reichsbank aber auch schon im ersten Kriegsstadium bemüht sein, einen möglichst großen Teil der angekauften Reichsschatzanweisungen am Kapitalmarkt unterzubringen. Die Notenpresse war also keineswegs als das einzige oder auch nur hauptsächliche Mittel der Kriegsfinanzierung gedacht, sondern nur als ein Platzhalter für das Sparkapital, dem man Zeit lassen wollte, sich auf die völlig veränderten Verhältnisse umzustellen.

Das war ein finanztaktisch nicht ungeschicktes Verfahren. Das ausschließliche Wirtschaften mit fundierten Anleihen, die einen großen Emissionsapparat voraussetzen und immer nur nach längeren Zeitabschnitten und nach sorgsamer Vorbereitung an den Kapitalmarkt gebracht werden können, hat den Übelstand, daß es die nationale Sparkraft nicht so intensiv ansaugt, wie es das Staatsinteresse fordert. Die Reichsanleihe mit ihrem weit hinausgeschobenen Rückzahlungstermin und ihrem schwankenden Börsenkurse, der von allen politischen Wechselfällen affiziert wird, kommt der Regel nach nur für solche Überschüsse der Erwerbswirtschaft in Frage, die sich dauernd oder mindestens auf absehbare Zeit aus dem gewerblichen Prozeß der Produktion und des Vertriebs absondern und sich als „Kapital" mit einem Rentenanspruch begnügen wollen. Gerade in Kriegszeiten aber mit ihrer aufs höchste gesteigerten Arbeitsintensivität einerseits und ihrem außerordentlich schwankenden, von den Tagesereignissen abhängigen Arbeitsprogramm andererseits vermag der einzelne Wirtschafter nur schwer zu übersehen, welcher Teil seines jeweiligen Betriebsüberschusses endgültig aus dem Erwerbsprozeß herausgezogen werden kann, und welcher Teil sofort oder später in diesen Prozeß zurücktauchen wird. Ein erheblicher Prozentsatz der neugebildeten Einkommen versagt sich infolgedessen der Anleihe, deren Zins, selbst wenn er noch so hoch ist, kein Äquivalent für die Gefahr bietet, daß das in ihr angelegte Kapital im Bedarfsfalle nur mit einem Kursverlust in gewerbliche Betriebsmittel zurückverwandelt werden kann. Demgegenüber ist die Schatzanweisung, die nicht nur binnen längstens drei Monaten zum vollen Bezugspreise eingelöst wird, sondern überdies täglich und stündlich an die Zentralnotenbank zum Diskont gegeben werden kann, in hohem Grade geeignet, jeden Einkommensüberschuß schon im Moment seines Entstehens anzusaugen. Selbst Einkommensteile, von denen es feststeht, daß sie nicht zu Kapital werden, sondern nach kurzer Zeit als Betriebsmittel in den Produktionsprozeß zurücksinken oder irgendeinem Konsumzweck dienen werden, können sich provisorisch als Rentenkapital dem Staat zur Verfügung stellen, wenn zu diesem Zwecke eine so überaus mobile Anlageart wie die Schatzanweisung vorhanden ist. Der Staat vermag also mit dieser besonderen Gattung kurzfristiger Anleihe jeden kleinen Einkommenssplitter an sich zu ziehen und große Teile der nationalen Betriebsüberschüsse am Versickern in allerhand unwirtschaftliche Verwendungszwecke zu verhindern.

Allerdings steht dem prima vista der Übelstand gegenüber, daß der Staat nach Ablauf von drei Monaten gezwungen ist, Mittel für die Einlösung der fällig werdenden Schatzanweisungen bereitzustellen. Aber einmal spielt dieser Übelstand in der Praxis keine erhebliche Rolle, weil die Kontinuität der Einkommensbildung dafür sorgt, daß immer neue Überschüsse Anlage suchend nach den Schatzanweisungen greifen, die an die Stelle der zur Einlösung kommenden alten Emissionen treten. Im Fall einer Stockung kann der Staat den Zufluß der neuen Überschüsse durch eine Zinsaufbesserung beleben und so bewirken, daß die Anlage ständig größer ist als der Abgang. Auf diese Weise bildet sich die Schatzanweisungsschuld zu einer besonderen Art von Anleihe um, die zwar nicht de jure, wohl aber de facto langbefristet ist, weil bei ihr Fälligkeit und Neuübernahme paternosterartig ineinandergreifen. Die spätere Umwandlung einer solchen „uneigentlichen" befristeten Anleihe in eine echte fundierte Anleihe bietet meist keine Schwierigkeiten und ist lediglich eine Frage der Emissionstechnik. Daneben aber verfügt der Staat noch über die Möglichkeit, etwaige Stockungen im Abgang der Schatzanweisungen durch den Rückgriff auf die Zentralnotenbank unschädlich zu machen. Wie jeder einzelne Inhaber einer Schatzanweisung, so kann auch der Staat sich die Diskontbereitschaft der Bank zunutze machen, indem er sich auf Schatzanweisungen, zu deren Abnahme der Verkehr im gegebenen Moment nicht bereit ist, die erforderlichen Vorschüsse gewähren läßt. Er hat dann die Wahl, ob er diese Vorschüsse in einem günstigeren Augenblick wieder ablösen, oder ob es der Bank überlassen will, die bevorschußten bzw. angekauften Schatzanweisungen unter Anwendung der ihr geläufigen banktechnischen Mittel zu geeigneter Zeit an den offenen Markt weiterzuleiten.

Wie man sieht, hat die Schatzanweisungspolitik im Gegensatz zur Anleihepolitik das Vorhandensein einer letzten Kreditquelle zur Voraussetzung. Die Privatwirtschaft muß einen Teil der übernommenen Schatzanweisungen bei Bedarf flüssig machen können, wenn sie veranlaßt werden soll, jeden irgend entbehrlichen Einkommensteil schon im Moment seiner Entstehung dem Staat zu überlassen. Aber auch der Staat selbst muß auf einen Kreditgeber zurückgreifen können, um Perioden zu überwinden, während derer das Privatkapital die vorausgesetzte Aufnahmefähigkeit vermissen läßt. Von diesem letzten Kreditgeber, der heute fast in allen Kulturländern identisch mit der zum Schutz der Währung bestellten Zentralbank ist, hängt es ab, ob die Schatzanweisungspolitik des Staates ihre grundsätzliche Brauchbarkeit auch für die Zeit eines hochgesteigerten Geldbedarfes behält, oder ob sie diese Brauchbarkeit einbüßt. Es kommt weit weniger auf das Verfahren an, das der Staat bei der Ausgabe seiner kurzfristigen Schuldverschreibungen beobachtet, als auf die Art und Weise, wie die Zentralbank bei der Aufnahme der Schuldverschreibungen und bei der Aufbringung der mit der Aufnahme verbundenen Kredite verfährt. Insbesondere kommt es darauf an, ob die Zentralbank der Versuchung, die verlangten Kredite durch Schaffung zusätzlicher Zahlungsmittel, also durch Aufblähung des Geldumlaufes, aufzubringen, aus dem Wege geht oder nicht.

Bei flüchtiger Betrachtungsweise hat es allerdings den Anschein, als ob die Entscheidung über Erfolg oder Mißerfolg der Schatzanweisungspolitik weniger bei der Zentralbank als beim Staate liege, weil letzten Endes doch die Höhe des zu deckenden Staatsbedarfes und dessen Verhältnis zur finanziellen Kraft des Marktes den Ausschlag gebe. Auch der feste Wille der Zentralbank, den Anforderungen an ihre Kreditbereitschaft ohne Rückgriff auf die Notenpresse zu genügen, ist — so scheint es — ohnmächtig, wenn der Staat größere Mengen Schatzanweisungen direkt oder auf dem Umwege über die Bank in den Verkehr zu pressen versucht, als dieser aufzunehmen vermag. Eine solche Betrachtungsweise geht aber von einer irrigen Voraussetzung aus. Sie übersieht, daß die Schatzanweisung und das durch sie zu beschaffende Geld für den Staat nur Mittel zu einem bestimmten Zwecke sind, zu dem Zwecke nämlich, sich die Verfügung über eine gewisse Gütermenge — im Kriege Heeresmaterial, Proviant u. dgl., zu anderen Zeiten Güter irgendwelcher sonstigen Art — zu beschaffen. Gegenüber diesem Endzweck der Geldbeschaffung gibt es nur zwei Möglichkeiten: Entweder ist die Wirtschaft nach dem derzeitigen Stande ihrer Leistungsfähigkeit in der Lage, die angeforderten Güter bereitzustellen, oder sie ist hierzu nicht in der Lage. Im ersten Falle wird es der Schatzanweisungspolitik im Verein mit einer zweckentsprechenden Kreditpolitik der Zentralbank stets gelingen, die betreffenden Güter aus der Verfügungsgewalt der Privatwirtschaft in die des Staates zu überführen, ohne daß man zu dem fragwürdigen Mittel greifen müßte, zusätzliche Geldmengen zu erzeugen. Verfügt die Wirtschaft über alles das, was der Staat für seine besonderen Zwecke braucht und mittels der Schatzanweisungen anfordert, so verfügt sie auch über das entsprechende Geld (das ja lediglich den Schlüssel darstellt, nach dem alle jene Dinge sich unter die einzelnen Rechtssubjekte der Wirtschaft verteilen). Es bedarf dann nur der geeigneten Taktik, um das Geld im Austausch gegen Schatzanweisungen in die Hand des Staates hinüberzuspielen, wobei die Taktik sich eines reichhaltigen Arsenals von Mitteln, von den mildesten (Zinsprämie, Tilgungsaufgeld, Steuerfreiheit) bis zu den schärfsten (Kreditentziehung, Zeichnungszwang), bedienen kann. Verfügt dagegen die Wirtschaft über jene Güter nicht, so ändert auch der hemmungsloseste Rückgriff auf die Notenpresse nichts an dieser Tatsache. Und wenn es so scheint, als ob die zusätzliche Kaufkraft, die der Staat sich durch den Austausch seiner Schatzanweisungen gegen ad hoc hergestellte Geldzeichen verschafft, ihm die Verfügung über Gütermengen und Güterarten sichere, die auf anderem Wege herzugeben die Wirtschaft sich weigert, so ist der Staat in Wirklichkeit nur ein Tantalus, der immer ins Leere greift, weil jene Güter in demselben Maße — durch Preissteigerung — von ihm abrücken, wie er sich ihnen — durch Geldvermehrung — genähert zu haben meint.

Im Rahmen der wirtschaftlichen Leistungsfähigkeit des Landes vermag freilich der Staat erhebliche Gütermengen mit der Brechzange der Geldvermehrung aus dem Verkehr herauszubrechen; aber niemals mehr, als er besser und in schonenderer Form auf dem ordnungsmäßigen Wege der Kaufkraftentziehung durch zweckentsprechendes Angebot von Schatzanweisungen herauszuziehen vermocht hätte. In der Regel sind es massenpsychologische Rücksichten, die den Staat oder die Zentralbank veranlassen, dennoch mit dem Mittel der Geldaufblähung zu arbeiten. Wie man die Ausschreibung scharfer Steuern vermeidet, weil sie eine unerwünschte Mißstimmung erzeugen würden, so vermeidet man es auch, die Inanspruchnahme des Kapitalmarktes so weit zu treiben, daß der private Kreditverkehr eine allzu starke Einengung erfährt, die in großgewerblichen Kreisen Unzufriedenheit hervorrufen könnte. Man hält es für praktischer, der Wirtschaft Teile ihrer Kaufkraft zu entziehen, indem man die Gesamtheit der im Gelde verkörperten Güteransprüche auf eine vermehrte Anzahl von Geldzeichen verteilt, von denen der neu hinzutretende Teil dazu dient, ein gewisses Güterquantum aus der Wirtschaft herauszuheben und auf den Staat zu übertragen. Wenn das auch auf eine indirekte Steuer hinausläuft, die nicht minder schwer ist, als es jede andere Steuer sein würde, mit der der Staat jenes Güterquantum in seine Verfügungsgewalt bringen würde, so hat es doch unter dem Gesichtspunkt der Staatspragmatik den doppelten Vorteil, daß auch die steuerscheueste Wirtschaft sich der Auflage auf keine Weise zu entziehen vermag, und daß der einzelne Wirtschafter sie nicht als Steuer, sondern als Warenknappheit und Teuerung und somit als eine Art Naturereignis empfindet, für das der Staat nicht verantwortlich gemacht werden kann.

Trotzdem wird sich eine gewissenhafte Regierung immer gegenwärtig halten müssen, daß die gewaltsame Übertragung privater Kaufkraft auf den Staat mit Hilfe der Notenpresse außerordentlich schwere innerpolitische und soziale Gefahren heraufbeschwört. Diese Art indirekter Steuer trifft den gewerblichen Mittelstand ungleich härter als das Großgewerbe, schwächt das Einkommen der Sozialrentner und den Lohn der arbeitenden Klassen, fälscht den Sinn aller Verträge, die Geldforderungen zum Inhalt haben, enteignet den Gläubiger zugunsten des Schuldners, lähmt dadurch den Spartrieb, belastet den Außenhandel bei der Einfuhr und Ausfuhr mit einer hohen Risikoprämie, die das Ausland dafür erhebt, daß es in einem sichtlich der Entwertung ausgesetzten Gelde kalkulieren muß, und schwächt im Inlande die produktive Energie, die sich auf Schritt und Tritt von Verlustgefahren bedroht sieht. Mit zusätzlichem Gelde wirtschaften heißt das ganze Erwerbsleben unterminieren und dadurch mittelbar auch den Erfolg der Finanzpolitik in Frage stellen, die sich dieses gefährlichen Mittels bedient. Darum ist es geradezu eine Lebensfrage für den Staat, daß er in Zeiten eines krisenhaft gesteigerten Geldbedarfes das an sich sehr geeignete Deckungsmittel der Schatzanweisung nicht als Motor an die Notendruckmaschine koppelt. Statt dessen muß er es in engste Verbindung mit dem Kapitalmarkt bringen, damit es hier seine wichtige Aufgabe erfüllen kann, so viel Einkommensteile wie möglich in die Hand des Staates zu überführen, und zwar schon im Moment ihres Entstehens, also noch bevor sie in den Konsum abfließen und hier mit dem Güteranspruch des Staates in Konkurrenz treten.

2. Die Reichsbank zur Zeit des Waffenstillstandes.

Das Reich hat während des ganzen Krieges beharrlich an dem Prinzip festgehalten, die Einkommensüberschüsse der Wirtschaft mit seinen Schatzanweisungen aufzusaugen und die so entstandene schwebende Schuld in halbjährigem Turnus durch Ausgabe langfristiger Kriegsanleihen zu konsolidieren. Die Hoffnung ging dahin, daß die Aufnahmefähigkeit des Kapitalmarktes groß genug sein würde, um die während eines Halbjahrs aufgelaufene Schatzanweisungsschuld restlos in Anleihen umzugießen. Unter dieser Voraussetzung hielt man es für ungefährlich, wenn man bis zum Moment der jeweils bevorstehenden Konsolidierung interimistisch sowohl von Reichs wegen den Kredit der Reichsbank in Anspruch nahm, als auch der Privatwirtschaft gestattete, sich dieses Kredits — durch Einreichung übernommener Schatzanweisungen zum Rediskont — zu bedienen. Sache der Reichsbank sollte es sein, den öffentlichen wie den privaten Kreditbedarf nach Möglichkeit im Rahmen ihrer Zahlungsbereitschaft zu befriedigen und nur ausnahmsweise und vorübergehend in stärkerem Maße auf die Notenpresse zurückzugreifen. Auch die Unterbringung der Kriegsanleihen, durch die man bie aufgelaufene schwebende Schuld periodisch beseitigen wollte, sollte im wesentlichen ohne Zuhilfenahme zusätzlich ausgegebener Zahlungsmittel erfolgen. Allerdings hatte man die Darlehenskassen zu dem ausgesprochenen Zweck ins Leben gerufen, der Wirtschaft die Übernahme und das Durchhalten mobiler Kapitalsanlagen mit Aushilfskrediten zu erleichtern und diese Kredite mit ihren Darlehenskassenscheinen zu finanzieren. Aber man betrachtete die Darlehenskassenscheine, zum mindesten in dem bescheidenen Umfange, in dem ihre Ausgabe geplant war (Höchstbetrag ursprünglich 1½ Milliarden Mark), nicht als zusätzliches Geld, sondern als Ersatzgeld, und zwar als Ersatzgeld teils für die Goldmünzen, welche die Reichsbank mit aller Energie an sich ziehen sollte, ohne dem Verkehr die entsprechenden Mengen kleiner Banknoten zuführen zu können, teils für die Geldmengen, von denen man erwartete, daß sie sofort nach Kriegsbeginn in die Heereskassen und etwaigen Okkupationsgebiete abströmen würden.

Die Regierung hat sich also bei ihren Kriegsfinanzierungsplänen zunächst durchaus in Widerspruch zur öffentlichen Meinung gesetzt, die sich die Deckung eines Kriegsbudgets von vornherein nicht anders als mit starker Zuhilfenahme der Notenpresse vorstellen konnte. Die verhältnismäßig gesunden Anschauungen der Reichsregierung entsprangen zwar weniger einer klaren Erkenntnis der unheilvollen Folgen jeder Inflation, als vielmehr dem Respekt vor den Prinzipien, die vierzig Jahre lang maßgebend gewesen waren, und einer instinktmäßigen Furcht vor den unbekannten Wirkungen, die ein Abweichen von der Tradition auslösen konnte. Aber sie beruhten doch auch auf einem gewissen Gefühl der Stärke. Sie wurzelten in der bestimmten Erwartung, daß die deutsche Wirtschaft aus sich selbst heraus die Mittel zur Deckung auch der denkbar größten Anforderungen des Reichs werde aufbringen können, und daß es daher nicht nötig erscheine, an den Grundlagen der deutschen Währung zu rütteln. Deshalb sah die Regierung auch davon ab, die Reichsbank von der Veröffentlichung ihrer Wochenausweise zu entbinden. „Eine Einstellung der Veröffentlichung, wie sie für den Kriegsfall vielfach empfohlen worden ist, erschien nicht zweckmäßig, da erwartet werden durfte, daß der Status der Reichsbank auch während des Krieges ein durchaus befriedigender bleiben werde."[1]

---

[1] Erste Denkschrift über wirtschaftliche Maßnahmen aus Anlaß des Krieges. November 1914.

Diese Erwartung hat sich während der ersten Hälfte des Krieges erfüllt. Obwohl die Kriegskosten sich fortgesetzt steigerten (von 36 Millionen Mark Tagesdurchschnitt zu Kriegsbeginn auf mehr als 100 Millionen zu Beginn des dritten Kriegsjahres), und obwohl bis Ende Oktober 1916 rund 52 Milliarden Mark, d. h. mehr als die Hälfte des gesamten Volkseinkommens, für die Kriegführung hatten aufgewendet werden müssen, war die Reichsbank um diese Zeit vom Reiche und der Privatwirtschaft doch nur mit etwa 7 Milliarden Mark, davon schätzungsweise 6 Milliarden für Kriegszwecke, in Anspruch genommen worden. Fast neun Zehntel des Bedarfs konnten durch den Ertrag der ersten fünf Kriegsanleihen (annähernd 46 Milliarden) gedeckt werden, die ihrerseits ohne wesentlichen Rückgriff auf die Darlehenskassen gezeichnet und bezahlt wurden. Die Kriegsanleihekredite der Kassen machten bis Ende Oktober 1916 nur etwa 1 Milliarde Mark aus bei 2½ Milliarden Gesamtdarlehen. Es hätte wohl nur einer etwas rigoroseren Politik des Reichs und eines spröderen Verhaltens der Reichsbank — die jeden Diskontanspruch der Einreicher von Schatzanweisungen zu 5 % Zins befriedigte — bedurft, um auch noch das letzte Zehntel der Kriegskosten aus der bereiten Kapitalkraft der Wirtschaft zu decken. Immerhin gelang es der Reichsbank auch so, ihren Notenumlauf auf einer erträglichen Höhe und innerhalb des klassischen Deckungsverhältnisses von 1 : 3 zu halten. Am 31. Oktober stand einem Notenumlauf von 7,37 Milliarden Mark ein Goldvorrat von 2,50 Milliarden gegenüber, und die Devisenkurse hielten sich, obwohl auch die Darlehenskassen mehr Zahlungsmittel in Umlauf gesetzt hatten, als in Gestalt zentralisierten oder thesaurierten Hartgeldes aus dem Verkehr geschwunden waren, auf einem Stande, der von der Parität nur um etwa 20 % abwich.

Während der zweiten Kriegshälfte hat sich darin ein merklicher Umschwung zum Schlechteren vollzogen. Das sogenannte „Hindenburg-Programm" wollte die produktiven Energien der Nation zu äußerster Leistung anspornen und glaubte das am besten durch den Appell an den wirtschaftlichen Egoismus zu erreichen. Jede Leistung erhielt ohne Nachprüfung den Preis, den sie forderte, was auf eine allgemeine Überzahlung der Produktion hinauslief. Eine solche Prämiierung der im Reichsinteresse geleisteten Arbeit hätte erfolgreich sein können, wenn man dafür gesorgt hätte, daß wirklich nur die vaterländische Arbeit für den Krieg, nicht etwa auch die Arbeit für den Privatkonsum von der Prämie profitierte. Um das zu erreichen, wäre nichts anderes nötig gewesen, als die den Kriegslieferungen direkt oder mittelbar entspringenden Gewinne im Moment ihres Entstehens mit mehr oder weniger sanftem Zwang in Kriegsanleihe umzuwandeln; am besten derart, daß man alle Kriegslieferungen nur insoweit in barem Gelde bezahlte, wie es zur Deckung des bringlichsten Bedarfs der Arbeiterschaft nötig war, sie im übrigen aber mit Kriegsanleihe abgolt. Dadurch wäre der größere Teil der neugebildeten Einkommen vom Konsum abgelenkt und in die Produktion geleitet worden, und zwar in die Produktion für öffentliche Zwecke, da der systematisch abgedrosselte Konsum die Produktion für Privatzwecke unlohnend machte. Tatsächlich wurde jedoch anders verfahren. Man bezahlte die Kriegsleistungen teils in barem Gelde, teils in Reichsschatzanweisungen, die durch Diskontierung bei der Reichsbank sofort in Bargeld umgewandelt werden konnten, und wirkte den Zwecken des nationalen Leistungsprogramms dadurch von zwei Seiten entgegen. Einmal verhinderte man nicht oder doch nicht auf dem allein geeigneten Wege der Finanzpolitik, daß die gewaltigen Kriegsgewinne („Leistungsprämien") sich zum erheblichen Teil in Privatkonsum auflösten und so für entbehrliche Zwecke Beschlag auf dasselbe Material und dieselbe Arbeitskraft legten, die der Staat für sich reklamierte. Und zum anderen bewirkte man, daß die Reichsbank diesen schädlichen Privatkonsum mit der Notenpresse finanzieren mußte, soweit das Privatkapital nicht bereit war, freiwillig Teile seines Einkommens in Reichsschatzanweisungen anzulegen. Da das deutsche Währungsgeld an Kaufkraft einbüßen mußte, wenn die Reichsbank es durch Ausgabe ihrer ungedeckten Noten mengenmäßig vermehrte, und da die Warenpreise im gleichen Verhältnis über ihren normalen Stand (wohlgemerkt: normalen K r i e g s stand!) steigen mußten, so hatte die Finanzierungspraxis der Regierung die Wirkung, daß der materielle Teil der Kriegführung sich fortgesetzt verteuerte und erschwerte. In dieser Verteuerung und Erschwerung, die ihre unmittelbare Ursache in rein geldwirtschaftlichen Vorgängen zu haben schienen, kam in Wirklichkeit nur die Tatsache zum Ausdruck, daß erhebliche Teile der produktiven Energie an die Befriedigung eines durch Übergewinne hochgezüchteten und finanzpolitisch nicht genügend zurückgedämmten Privatkonsums verschwendet wurden, daß also Kraft und Stoff sich der Erfassung durch den Staat und für den Staat vielfach widersetzten. In der Terminologie der Kriegswirtschaft: Die Umstellung der Gewerbe vom Friedens- auf den Kriegsbedarf wurde in diesem zweiten Kriegsabschnitt dadurch beeinträchtigt, daß man es den Produktionsüberschüssen gestattete, mit Hilfe der Reichsbank die Form von „Geld", d. h. von konsumfähiger Kaufkraft anzunehmen, statt sich als „Kapital" dem Staat für dessen andersgeartete Konsumzwecke zur Verfügung zu stellen.[1]

Trotzdem war der Stand der Reichsfinanzen ebenso wie der Status der Reichsbank im Herbst 1918 vergleichsweise nicht schlecht. An Kriegskrediten waren insgesamt rund 145 Milliarden Mark bewilligt worden. Davon waren etwa 95 Milliarden durch Anleihen und langfristige Schatzanweisungen (zusammen nominal 98,4 Milliarden Mark) flüssig gemacht worden, der Rest durch kurzfristige Schatzanweisungen (schwebende Schuld). Aber von diesen Schatzanweisungen hatte nur der kleinere Teil, der auf 19 Milliarden Mark geschätzt werden kann[2], Unterkunft bei der Reichsbank gefunden. Der größere Teil in Höhe von reichlich 30 Milliarden Mark war von der Privatwirtschaft absorbiert worden. Allerdings hatte diese ihre Aufnahmefähigkeit dadurch verstärkt, daß sie für allgemeine Wirtschaftszwecke Kredite bei den Darlehenskassen (um die Zeit des Waffenstillstandes 13—14 Milliarden Mark) in Anspruch nahm. Fast die Hälfte jener 30 Milliarden Mark Schatzanweisungen ist also nicht von der immanenten Kaufkraft des Volksganzen, sondern indirekt von der Notenpresse aufgesaugt worden. Immerhin war bei Kriegsende die Sachlage so, daß die Wirtschaft von den 145 Milliarden Mark Kriegskosten reichlich drei Viertel (95 Milliarden Anleihe und etwa 16 Milliarden Schatzanweisungen) aus eigener Kraft

---

[1] Wenn der Geschäftsinhaber der Diskonto-Gesellschaft Dr. Georg Solmßen in einem Referat auf dem Bankiertage von 1920 (Sonderabdruck, Berlin 1921) meinte, daß Deutschland den Verlust des Krieges seinem fehlerhaften Finanzsystem zuzuschreiben habe, weil dieses System die latenten Kräfte des Volkes wirtschaftlich nicht zur vollen Entfaltung brachte, so trifft er mit dieser Ansicht wohl das Richtige. Nur besteht die Fehlerhaftigkeit des Systems nicht, wie Solmßen meint, im Wirtschaften mit Anleihen statt mit Steuern, sondern in der übermäßigen Anwendung einer Anleiheform, die eine Verbindung zwischen Staat und Notenpresse statt einer solchen zwischen Staat und Privatkapital bzw. Volkseinkommen herstellte. Das bedeutete finanzpolitisch einen maskierten Mißbrauch der staatlichen Geldhoheit mit seinen üblen Folgen für die Währung, und wirtschaftspolitisch eine Umwandlung bringend benötigten Produktivkapitals in schädliche Konsumansprüche einzelner Volksschichten.

[2] Am 7. Novbr. 1918 hat die Reichsbank 19,4 Milliarden Mark Diskontpapiere im Bestand gehabt, wovon nur ein ganz geringfügiger, ziffernmäßig aber nicht bekannter Teil auf Privatwechsel und Schecks entfiel.

aufgenommen und weniger als ein Viertel auf künstliche, scheinbar außer Zusammenhang mit der Erwerbswirtschaft stehende Deckungsmethoden abgewälzt hatte. Wenn das auch gegen 1916 eine erhebliche Verschlechterung des Absorptionsvermögens bedeutete, so bewies es doch, daß der Krieg bis zu seinem Ausgang in der Hauptsache aus dem Einkommen der Bevölkerung finanziert worden war, und daß technische Behelfe, die einen Teil der privaten Kaufkraft auf anormalem Wege in den Besitz des Staates überführten, nur ergänzend Verwendung gefunden hatten. Trotz aller Fehler, die begangen worden waren, hatte also der Krieg sich im wesentlichen doch selbst finanziert, was die Vorbedingung dafür war, daß die Wirtschaft intakt über ihn hinwegkam. Und wirklich ist Deutschland ökonomisch so wenig geschwächt aus dem Kriege hervorgegangen, daß ein französischer Autor sein Buch über die deutsche Wirtschaftspolitik nach 1914 mit den Worten einleitet: „Par un paradoxe ... l'Allemagne vaincue d'une guerre sans précédent dans l'histoire, a abordé la paix avec une économie à peu près intacte." [1]

Die Reichsbank ist ihrerseits in folgender Verfassung aus dem Kriege hervorgegangen: Ihr Goldbestand hat Anfang November 1918 rund 2,55 Milliarden Mark betragen gegen 1,25 Milliarden unmittelbar vor Kriegsausbruch. Dem stand ein Notenumlauf von rund 17 Milliarden gegenüber (am 31. Juli 1914: 2,9 Milliarden). Es befanden sich also rund 14½ Milliarden nicht durch Gold gedeckte, d. h. nicht automatisch aus der Verkehrswirtschaft heraus entstandene, sondern durch Akte der Staatshoheit geschaffene Banknoten im Umlauf. Die bis zum Herbst 1916 aufrechterhaltene Drittelbedeckung war später verlorengegangen. Um aber den Begriff der „Deckung" nicht vollkommen über Bord zu werfen, hatte man von der Bestimmung des Darlehenskassengesetzes vom 4. August 1914, daß die Darlehenskassenscheine „im Sinne des § 17 des Bankgesetzes" (Drittelbedeckungsparagraph) den als Deckung zugelassenen Reichskassenscheinen gleichgestellt sein sollten, Gebrauch gemacht und immer so viel Darlehenskassenscheine im Bestand gehalten, wie erforderlich waren, um die Notenbedeckung bis zum bankgesetzlich vorgeschriebenen Drittel aufzufüllen. Auf diese Weise war ein Papiergeld zum Teil durch ein anderes Papiergeld gedeckt. Da um die Zeit des Waffenstillstandes außer den als Notenbedeckung bei der Reichsbank

---

[1] Félix Legueu: Essai sur la politique commerciale de l'Allemagne depuis 1914. Paris 1923.

ruhenden rund 3 Milliarden Mark Darlehenskassenscheinen weitere 10 Milliarden Mark solcher Scheine zur Ausgabe gelangt und im Verkehr waren, so liefen um diese Zeit etwa 24½ Milliarden Mark papierne Zahlungsmittel ohne metallische Deckung in Deutschland um. (Der kleine Silberbestand der Reichsbank auf der einen und der gleichfalls kleine Umlauf an Reichskassenscheinen auf der anderen Seite berührten diese Ziffer kaum.)

Der Bestand der Reichsbank an diskontierten Papieren, d. h. fast ausschließlich Schatzanweisungen des Reichs, ging mit rund 21 Milliarden Mark erheblich über den ungedeckten Notenumlauf hinaus. Die Bank war imstande gewesen, nicht nur diese Papiere, sondern auch noch einige Milliarden Mark andere Werte, namentlich Devisen, ohne entsprechende Steigerung ihres Notenumlaufs anzukaufen, weil die Reichs= und sonstigen öffentlichen Kassen ebenso wie die Privaten darauf verzichtet hatten, den vollen Gegenwert in bar zu empfangen, vielmehr einen Teil ihres Guthabens als Depositum bei der Bank (auf Girokonto) hatten stehen lassen. Es ist eine alte geldtheoretische Streitfrage, ob man auch diese aus dem bankmäßigen Kredit hervorgegangenen Depositen als zusätzliches Geld zu betrachten hat oder nicht. In England, wo bereits vor dem Kriege in größtem Umfange bargeldlos gezahlt wurde, ist man überwiegend der Auffassung, daß jedes Buchguthaben, das eine Bank ihren Kunden einräumt, und das dann durch Überschreibung eine ganze Kette von Inhabern passiert, genau so gut Gelddienste verrichte wie ein körperliches Zahlungsmittel und infolgedessen wie dieses als „Geld" anzusprechen sei. Auch in Deutschland herrscht diese Ansicht vor, obwohl die Reichsbank selbst sie durch ihre Politik widerlegen zu wollen scheint. Denn ihre jahrelang systematisch betriebene Propaganda für den bargeld= losen Verkehr, die als Kampf gegen die Inflation gedacht war, würde jeden Sinn verlieren, wenn die auf ihrem Girokonto belassenen Guthaben genau so als Geld angesehen werden müßten wie die Banknoten; sie würde in diesem Falle für nichts anderes gekämpft haben als für eine Ersetzung der Noteninflation durch eine girale Inflation von völlig gleichem Wesen und mit genau derselben wirtschaftlichen Tragweite.

Tatsächlich hat man aber, solange die Zahlungssitten so beschaffen sind wie in Deutschland (und auch in England), die einem Kredit= vorgange entstammenden Bankguthaben nicht anders zu bewerten als jedes beliebige sonstige Guthaben. Es handelt sich bei solchem Deposit, gleichviel ob es bei einer Kredit=, Effekten= oder Girobank unterhalten wird, immer um ein und dasselbe: nämlich darum, daß der Inhaber auf sein Recht, Geld von der Bank zu beziehen, verzichtet, oder Geld, das er bereits empfangen hat, an die Bank zurückliefert. Aus einem solchen Verzicht oder einer solchen Rücklieferung kann aber nie und nimmer neues Geld entstehen. Und wenn das Bankguthaben auch insofern Gelddienste verrichtet, als sein Inhaber es auf einen Zweiten und dieser es auf einen Dritten übertragen kann, so hat eine solche Übertragung doch stets zur Voraussetzung, daß jeder Empfänger gleich dem Vorbesitzer auf das Recht, effektives Geld zu beziehen, verzichtet, also keinen Anspruch auf die Kaufkraft macht, auf die das Guthaben ihm ein Recht gibt. Erhebt einer von ihnen diesen Anspruch dennoch, fordert er bares Geld von der Bank, so zwingt er diese, falls sie eine Notenbank ist, nunmehr zur Vermehrung des Notenumlaufs, es sei denn, daß sie über eine Notenreserve, also über Geld verfügt, das einer früheren Kreationsperiode entstammt. Nicht das **Entstehen** eines Bankguthabens bedeutet einen geldschöpferischen Vorgang, sondern das **Erlöschen** desselben führt unter bestimmten Voraussetzungen eine Geldvermehrung herbei. Daß in der Zeit zwischen Entstehen und Erlöschen das Bankguthaben unzählige Male den Inhaber, d. h. die Person des jeweils auf Geld Verzichtenden wechselt, macht aus ihm kein „neues Geld", sondern bedeutet nur, daß der Rechtsanspruch auf das alte Geld, das die Verzichtenden der Bank überlassen haben, statt seiner zirkuliert, und daß das Geld so in Gestalt eines Stellvertreters **mit erhöhter Geschwindigkeit** umläuft.[1]

Wir haben also in den rund 10 Milliarden Mark „sonstigen täglich fälligen Verbindlichkeiten", welche die Reichsbank in der ersten Novemberhälfte 1918 ausgewiesen hat, trotz ihres schnellen Kreislaufes unter den Girokunden der Bank kein zusätzliches Geld zu erblicken, sondern nur einen Ausdruck für die erhöhte Zirkulationsgeschwindigkeit des Geldes im allgemeinen. Eine solche Verstärkung der Arbeitsintensität des Geldes durch Umlaufsbeschleunigung kann aber, obwohl sie an sich kein inflatorischer Vorgang ist, dennoch unter Umständen ebenso wirken wie eine entsprechende mengenmäßige Geldvermehrung. Und zwar muß sie „indirekt inflationistisch" überall da wirken, wo der natürliche Zufluß und Abfluß des Geldes vom Auslande her und nach dem Auslande hin

---

[1] Vgl. meine Abhandlung: Die Umlaufsgeschwindigkeit des Geldes im April- und Maiheft 1921 der „Bank".

unterbunden ist. Je schneller das Geld bei gleichbleibender produktiver Energie zirkuliert, d. h. je häufiger es seine Kaufkraft innerhalb eines bestimmten wirtschaftlichen Rahmens geltend macht, um so mehr Geld wird — quantitativ gesprochen — entbehrlich. Bleibt trotzdem dieselbe Geldmenge im Umlauf wie vorher, so wirkt sie infolge ihrer intensiveren Funktion den Gütern gegenüber nicht anders wie eine vermehrte Geldmenge bei unveränderter Funktionsstärke, d. h. preissteigernd und geldwertmindernd. In England war eine Umlaufsbeschleunigung des Geldes vor dem Kriege unschädlich, weil die dadurch entbehrlich gewordene Geldmenge in Gestalt von Gold auf den Weltmarkt abfloß. (Daher die numerische Geringfügigkeit des damaligen englischen Geldumlaufs im Verhältnis zu dem gewaltigen Warenumsatz.) In Deutschland muß aber seit dem Kriege ein gesteigerter bargeldloser, d. h. umlaufsbeschleunigender Verkehr inflationistische Wirkungen ausüben, weil das entbehrlich gewordene Geld nicht abfließen kann, oder, soweit es infolge besonderer Umstände zeitweilig dennoch abfließt, schnell wieder in den Landesumlauf zurückkehrt.

Infolgedessen müßten eigentlich die 10 Milliarden Mark Girogelder der Reichsbank im Herbst 1918 eine deutlich wahrnehmbare Verschlechterung des Wertes der Mark über diejenige Verschlechterung hinaus bewirkt haben, die auf die Rechnung der ziffernmäßigen Geldvermehrung kam. Die Girogelder hatten sich seit dem Sommer 1914 genau verzehnfacht, während der Geldumlauf sich mengenmäßig seit jener Zeit nur etwa versechsfacht hatte (27 Milliarden Mark Banknoten und umlaufende Darlehenskassenscheine gegen ca. 4½ Milliarden Mark Hartgeld, Banknoten und Reichskassenscheine vor dem Kriege). Tatsächlich hatten aber Geldvermehrung und Intensitätssteigerung zusammen nur die Wirkung, daß in Deutschland um die Zeit des Waffenstillstands ein Goldagio von etwa 70 % bestand [1]. Wenn auch quantitätstheoretische Berechnungen niemals den „angemessenen Preis" einer deteriorierten Währung mathematisch genau offenbaren werden, so ist doch so viel gewiß, daß die deutsche Währung damals am Weltmarkt erheblich höher bewertet worden ist, als es den quantitativen und zirkulatorischen Veränderungen entsprach, die während des Krieges mit ihr vorgegangen waren.

---

[1] Das Goldagio konnte, da eine Verordnung vom 23. November 1914 den Agiohandel mit Reichsgoldmünzen verbot, und die Ein- und Ausfuhr von Gold seit November 1915 nur der Reichsbank gestattet war, lediglich aus den Devisenkursen errechnet werden.

Das hatte eine Reihe leicht erkennbarer Gründe, die hauptsächlich in psychologischen Momenten wurzelten. Die Meinung war weit verbreitet und wurde auch von der Reichsbank andauernd genährt, daß die Finanzierung des Kriegsbedarfs unter Zuhilfenahme von Banknoten und Darlehenskassenscheinen nur ein Provisorium sei. Unmittelbar nach Kriegsende werde eine große fundierte Anleihe die ganze schwebende Schuld des Reiches aufsaugen und so das Papiergeld beider Arten zum Verschwinden bringen bzw. auf den ungefähren Vorkriegsumfang reduzieren. Die Erkenntnis, daß eine derartige „Deflation" eins der gefährlichsten wirtschaftspolitischen Experimente ist, und daß es im besten Falle viele Jahre dauert, ehe eine einmal ausgeweitete Kaufkraft mit ihrem Korrelat der allgemeinen Preissteigerung auf ihren alten Umfang und das alte Preisniveau zurückgeführt werden kann, hatte sich damals noch nicht durchgesetzt. Infolgedessen war es zur Verkehrsgewohnheit geworden, große Mengen papierner Zahlungsmittel in der Hoffnung auf eine spätere Wertsteigerung aufzuspeichern. Namentlich im neutralen Auslande, wohin die Mark in großen Mengen floß, weil die deutschen Devisenverordnungen die Zahlung in anderem Gelde erschwerten, bildeten die Reichsbanknoten eine beliebte Art spekulativer Kapitalsanlage. Die ausgeflossenen Banknoten kehrten also, der Regel zuwider, nicht sofort in den deutschen Umlauf zurück. Im Inlande kam hinzu, daß die Öffentlichkeit fortgesetzt mit dem Gerücht beunruhigt wurde, die Regierung werde, um die Thesaurierung zu bekämpfen und die Umwandlung von Bankguthaben in Kriegsanleihe oder Schatzanweisungen zu erzwingen, die Bardepositen bei den Banken beschlagnahmen. Wenn auch derartiges nicht geschah, so forderte doch die Reichsbank kurz vor Kriegsende die Banken auf, förmlich zu versichern, daß sie keinerlei bares Geld zur Verwahrung erhalten hätten. Das lief auf eine Kontrolle der geschlossenen Depots hinaus und hatte naturgemäß zur Folge, daß das Publikum den bankmäßigen Zahlungsverkehr einschränkte und weitere große Notenmengen aufspeicherte, um bei Bedarf Barzahlungen leisten zu können.

Der materielle Effekt dieser Änderung der Zahlungssitten war eine außerordentliche Verlangsamung des Geldumlaufs im Kleinverkehr. Die beschleunigte Geldzirkulation im Großverkehr, die ihren sichtbarsten Ausdruck im Anwachsen der Girogelder bei der Reichsbank fand, wurde dadurch mehr als wettgemacht. Die zusätzlichen Geldmassen, die in den Verkehr eingedrungen waren, arbeiteten also entweder gar nicht

— soweit sie thesauriert wurden — und waren dann so gut wie nicht vorhanden, oder sie arbeiteten mit erheblich verringerter Intensität und wirkten dann funktionell wie valutarisch nicht anders, als eine weit kleinere Geldmenge bei normaler Arbeitsintensität gewirkt haben würde. Die in den Geldmassen verkörperte Kaufkraft wurde so unvollkommen ausgenutzt, daß die Preise nicht entfernt die Höhe erreichten, die der rein mengenmäßigen Geldvermehrung entsprochen hätte, und daß infolgedessen auch die Devisenkurse sich erheblich weniger verschlechterten, als der statistische Inflationsgrad es hätte erwarten lassen.

So war die Lage der Reichsbank und der ihr anvertrauten deutschen Währung bei Kriegsende ganz erheblich günstiger, als es angesichts der landläufigen Ansichten über die Finanzierung eines großen Krieges und angesichts der ungenügenden Würdigung der Bedingungen und der Bedeutung eines gesunden Geldwesens zu erwarten gewesen wäre. Und zwar war die Lage günstig dank eben derselben Umstände, denen die öffentliche Meinung und auch die Reichsbank selbst gerade umgekehrt die Schuld an der zunehmenden Inflation beimaßen: nämlich dank des Abströmens großer Mengen von Banknoten in das Ausland und der vielgeschmähten Neigung der deutschen Bevölkerung, die Zahlungsmittel als Kapitalsanlage anzusehen und zu thesaurieren. In ihren Denkschriften über die wirtschaftlichen Kriegsmaßnahmen hat die Reichsbank diese beiden Momente immer wieder als das Hauptübel bezeichnet, das sie zur Ausgabe zusätzlicher Geldmengen zwinge. Noch um die Zeit des Waffenstillstandes schrieb der Vizepräsident der Reichsbank (im „Bank-Archiv"), daß die oft genannten Gründe der Geldvermehrung, und zwar: das Steigen der Warenpreise und der Löhne, das Umsichgreifen der Barzahlung, der Geldbedarf der Okkupationsgebiete und die fortgesetzte Zunahme der schwebenden Schuld des Reichs — die bezeichnenderweise so ziemlich die letzte Stelle unter den Inflationsgründen einnimmt! —, nicht genügten, um die Steigerung des „Zahlungsmittelbedarfs" zu erklären. Es komme auch der Abfluß von Noten in das Ausland in Betracht. Die Hauptursache aber sei darin zu erblicken, „daß weite Kreise der Bevölkerung Zahlungsmittel in immer wachsendem Maße aufspeichern, ohne durch ein wirtschaftliches Bedürfnis dazu genötigt zu sein". Die hier zum Ausdruck kommende Fehlbewertung des Moments der Thesaurierung, das als inflationsfördernd hingestellt wird, obwohl es in Wirklichkeit Teile der zusätzlich geschaffenen Kaufkraft vom Markte fernhält und dadurch den Effekt der Inflation mildert, muß wohl beachtet werden; ebenso wie die andauernde Neigung der Bankleitung, bei ihrer Notenpolitik Ursache und Wirkung zu verwechseln und beispielsweise die Teuerung, die mit das Produkt ihres eigenen Zusatzgeldes war, und die Nachfrage nach immer neuen Zahlungsmitteln, die wiederum aus dieser Teuerung entsprang, als das Primäre, ihre Notenpolitik aber als das zwangs= läufige und unvermeidliche Ergebnis dieser bestimmenden Momente hinzustellen. Nur wenn man diese Auffassung der Bankleitung — die sich als O b j e k t einer Entwicklung fühlte, deren S u b j e k t sie sein konnte und sollte — dauernd vergegenwärtigt, kann man ihre spätere Politik und insbesondere den geringen Widerstand begreifen, den sie den uferlosen Ansprüchen des Reichs in der Nachkriegszeit entgegengesetzt hat.

3. Die Reichsfinanzpolitik nach dem Kriege.

Der Finanzplan der Reichsregierung hatte ursprünglich vorgesehen, daß bei Wiederkehr normaler politischer Verhältnisse die schwebende Schuld so schnell wie angängig fundiert, also die unverzinslichen kurz= fristigen Schatzanweisungen in verzinsliche langfristige Schuldver= schreibungen umgewandelt werden sollten. Schon aus diesem Grunde hatte man darauf verzichtet, das englische und französische System der Kriegsfinanzierung anzuwenden und kurzfristige verzinsliche Anleihen zu begeben. Es sollte so scharf wie möglich zwischen der provisorischen und der definitiven Kriegskostendeckung unterschieden werden. Die Schatzanweisung trug alle Merkmale des Provisoriums deutlich zur Schau. Schon aus ihrer Diskontfähigkeit, d. h. ihrer Gleichsetzung mit dem Handelswechsel, ging hervor, daß es sich hier um kein Anlage= papier, sondern um ein Instrument des Aushilfskredits aus zeitweilig verfügbaren Mitteln handelte, das nur Platzhalterdienste für die Anleihe verrichten sollte, in die man es demnächst konventieren würde. Während des Krieges war diese Konversion mit großer Regelmäßigkeit in jedem Frühjahr und Herbst vorgenommen worden, wenn auch nicht restlos geglückt. Die Kriegsanleiheemissionen saugten nicht den Gesamtbetrag der jeweils vorhandenen schwebenden Schuld auf, sondern ließen einen zwar nicht allzu großen, aber doch von Jahr zu Jahr steigenden Rest der Schatzanweisungen im Umlauf bzw. bei der Reichsbank. Nach dem Kriege sollte auch dieser Teil in Anleihe umgewandelt werden,

wobei man, wie an anderer Stelle bereits gesagt, sich nicht bei dem geld=
wirtschaftlichen Bedenken aufhielt, daß das Verschwinden der von der
Reichsbank diskontierten Schatzanweisungen zum Verschwinden ent=
sprechender Mengen Banknoten, also zu einer Deflation und zu einer
Deflationskrisis führen mußte.

Dieser Finanzplan ist jedoch nicht innegehalten worden, und zwar
aus Gründen, die weder mit dem unglücklichen Ausgang des Krieges
noch mit der Novemberrevolution, sondern mit dem Wunsch zusammen=
hingen, den Reichshaushalt nach Möglichkeit zu entlasten. Die schwerste
Last stellte damals der Schuldendienst dar. Von den 17½ Milliarden
Mark, auf die man den Reichsbedarf des Rechnungsjahres 1919 im
Sommer desselben Jahres veranschlagte, entfielen nicht weniger als
10 Milliarden Mark auf den Zinsendienst der Reichsschuld, wobei man
davon ausging, daß diese bis Ende des Jahres auf etwa 200 Milliarden
(gegen rund 145 Milliarden beim Waffenstillstand) anschwellen würde.
Eine Umwandlung von schwebenden Schulden in Anleihe hätte aber
die Zinsenlast noch bedeutend vergrößert. Denn da die 5%igen Kriegs=
anleihen des Reiches damals einen Kursstand von 77½—80 % ein=
nahmen, so wäre eine neue Anleihe nur mit einer etwa 6½ %igen
Zinsausstattung unterzubringen gewesen. Dagegen waren infolge der
anhaltenden Flüssigkeit des Geldmarktes, d. h. des Marktes, an dem
die Barreserven der Privatbanken kurzfristig Unterkunft suchten, die
Schatzanweisungen des Reiches zu Sätzen von 4½—4⅝ %, also fast
2 % billiger, unterzubringen. Das Reich hatte allerdings einen etwas
höheren Satz, nämlich 5 %, zu bezahlen, da es seine Schatzanweisungen
regelmäßig an die Reichsbank begab und dieser den offiziellen Diskontsatz
vergüten mußte. Von diesen 5 % erhielt es aber einen gewissen Teil
unter verschiedenen Titeln (Kriegssteuer, Sonderabgabe und Gewinn=
beteiligung) von der Reichsbank zurück. Infolgedessen sah man nicht
nur davon ab, die schwebende Kriegsschuld zu konsolidieren, sondern
machte auch die neuen Kredite im Wege der Schatzanweisung statt
der Anleihe flüssig. Ja, man ging sogar noch weiter und tilgte im Laufe
der Zeit einen erheblichen Teil der Kriegsanleihen in der Weise, daß
man sie bei bestimmten Steuern, insbesondere bei dem Reichsnotopfer,
von den Zeichnern mit dem Nennbetrage in Zahlung nahm. Da man
für den so entstehenden Steuerausfall Ersatzkredite anfordern mußte,
die zur Ausgabe weiterer Schatzanweisungen führten, so ergab sich die
für die Finanzpolitik der ersten Nachkriegszeit charakteristische Tatsache,

daß man, statt die schwebende Schuld zu konsolidieren, gerade umgekehrt konsolidierte Anleihe in schwebende Schuld umwandelte. Auf diese Weise nahm der Gesamtumlauf an Reichsanleihen (einschließlich 4,7 Milliarden Vorkriegsanleihen) von rund 103 Milliarden Mark im Herbst 1918 auf rund 55 Milliarden im Sommer 1923 ab [1], oder auf wenig mehr als die Hälfte, während die schwebende Schuld sich während derselben Zeit ziffernmäßig mehr als vertausendfachte. Wirtschaftlich war diese Art von Finanzpolitik, mit der man freilich noch den Nebenzweck verfolgte, die geringe Steuerfreudigkeit des abgabepflichtigen Kapitals zu erhöhen, so verderblich wie nur denkbar, weil sie darauf hinauslief, einen längst gedeckten Reichsbedarf nochmals, und zwar mit der Notenpresse, zu finanzieren. Unter rein fiskalischem Gesichtspunkt hat die Politik allerdings ihren Zweck erfüllt und sogar besser, als ihre Urheber es ahnten. Denn sie hat dem Reiche nicht nur die Differenz zwischen dem höheren Anleihe- und dem niedrigeren Schatzanweisungszins erspart, sondern überdies dazu beigetragen, daß die ganze Realschuld des Reiches durch die Entwertung der Mark, auf die sie lautet, auf ein Minimum zusammengeschmolzen ist.

Die Reichsfinanzen haben nach dem Kriege aus fünf verschiedenen Gründen eine Entwicklung genommen, die das Gleichgewicht zwischen Einnahmen und Ausgaben von Jahr zu Jahr mehr in Frage stellte. Diese fünf Gründe lassen sich folgendermaßen kurz umschreiben:

Zunächst wirkte die Erzbergersche Finanzreform mit ihrer zentralisierenden Tendenz nach der Richtung einer starken Steigerung der Ausgaben. Nicht deshalb, weil das Reich jetzt alle wichtigeren Einkünfte an sich zog und den Bundesstaaten und Gemeinden eine prozentual feststehende Quote zuteilte, sondern deshalb, weil dem zentralistischen Aufbau auf der Einnahmeseite keine entsprechende Organisation auf der Ausgabenseite gegenüberstand. Es fehlte die Instanz, die es dem Reiche und den nachgeordneten Verbänden, die jetzt seine Kostgeber geworden waren, zur Pflicht gemacht hätte, mit der Einkommensquote hauszuhalten. Mangels einer verfassungsmäßigen Begrenzung der Ausgaben mußte sich das parlamentarische System, das die Konzessionen einer Partei grundsätzlich von Gegenkonzessionen der anderen Parteien abhängig macht, einseitig als Geldbewilligungsmaschine auswirken.

---

[1] Nach einer Schätzung — da Ziffern nicht veröffentlicht — der „Wirtschaftskurve", Frankfurt a. M. 1923, Heft 3.

Um so mehr, als die Geldbewilliger regelmäßig voraussetzten, daß die entsprechenden Einnahmen nicht die ihnen geographisch oder sozial nächststehenden Kreise belasten, sondern irgendwoher aus dem weiten Reiche fließen würden.

Dieser finanztechnische Übelstand hätte sich vielleicht nicht so verhängnisvoll ausgewirkt, wie es tatsächlich der Fall war, wenn nicht als zweites Moment die Novemberrevolution mit ihren Sozialforderungen gewesen wäre. Da ein eiserner Rahmen, in den die Ausgaben sich einzupassen hatten, fehlte, so stellten der „Fortschritt" und der „soziale Gedanke" auf allen Gebieten der Kunst, der Hygiene, der Arbeiterwohlfahrt, der Volksernährung usw. ungemessene Anforderungen an den Haushalt des Reiches und der weitgehend mit Reichsmitteln gespeisten Länder und Kommunen.

Zerrüttend wirkte ferner auf den Reichshaushalt die fortgesetzte Entwertung des Geldes, in dem die Voranschläge aufgestellt und die Steuern erhoben wurden. Wenn diese Entwertung auch zunächst eine F o l g e der allgemeinen Finanzgebarung war, so wurde sie doch zugleich auch zur U r s a c h e einer neuen Verschärfung der budgetären Schwierigkeiten. Einige charakteristische Beispiele dafür, wie die Geldentwertung die Einnahmen immer wieder weit hinter die Ausgaben zurückwarf — namentlich bei den öffentlichen Erwerbsunternehmen, aber auch bei allen anderen Haushaltsposten persönlicher und sachlicher Natur —, führt L o t z in seinem Buch über die Valutafrage an.[1]

Gleichfalls in der Geldentwertung und somit in den Fehlern der Finanzpolitik selbst wurzelt ein viertes Moment, das für den öffentlichen Haushalt mit der Zeit wohl am verhängnisvollsten geworden ist. Es ist dies der Kampf gegen die destruktiven Wirkungen der Inflation. Diesen Kampf mußte bis vor kurzem jeder deutsche Privatmann führen, um seine wirtschaftliche Existenz in der allgemeinen Währungsnot zu behaupten, und der Aufwand an Zeit und Arbeitskraft, der hierdurch bedingt wurde, ist fast ebensohoch zu veranschlagen wie der Aufwand für eigentlich produktive Zwecke. Die öffentlichen Verbände mußten diesen Kampf nicht nur gleichfalls in ihrem eigenen finanziellen Interesse führen und unzählige Beamte mit rein rechnerischer, ökonomisch überflüssiger Arbeit betrauen, sondern sie haben es überdies noch für ihre Pflicht gehalten, einen gewaltigen Apparat zu schaffen, der die sozialen Wirkungen

---

[1] Valutafrage und öffentliche Finanzen in Deutschland. Leipzig 1923. (S. 3 ff.)

der Inflation im Interesse aller wirtschaftlich Schwachen mildern sollte. Man hat hier an die zahllosen Wohnungs= und Mieteinigungsämter, die Wucherpolizei und die Preisprüfungsstellen, an Postüberwachung, Devisenkommissariat, Ein= und Ausfuhrkontrolle und all die anderen Behörden und Kommissionen zu denken, die völlig tote Arbeit leisteten, weil die Voraussetzungen ihrer Tätigkeit lediglich im Geldverfall wurzelten. Die Kosten dieses Apparates waren größer, als sie selbst ein Volk in gesunder politischer Verfassung und ungeschwächter Erwerbsfähigkeit tragen konnte.

Zu diesen vier Faktoren, die das deutsche Finanzgebäude unter= höhlten, gesellte sich als äußerlich bedeutungsvollster Faktor noch der Zwang, die sogenannten Reparationen für die Sieger im Weltkrieg zu leisten und für die Besatzungskosten im Rheinland aufzukommen. Die Belastung der Reichsfinanzen hieburch war und ist, obwohl der Um= fang der Jahresleistungen noch immer nicht feststeht, außerordentlich groß. Für das deutsche Volk ergibt sich daraus eine Vorbelastung seines Vorkriegseinkommens mit 6—8 %, seines heutigen Einkommens mit einer erheblich höheren Quote. Dennoch kann dieses Moment für sich allein den eingetretenen Verfall der deutschen Finanzen nicht entfernt erklären. Vielmehr hat es dazu der Mitwirkung der genannten anderen vier Momente bedurft, die sich in ihrer Gesamtheit als noch verhängnis= voller erwiesen haben als das an sich schon schwere Diktat der Sieger.

In diesem Zusammenhang wäre eigentlich noch eines sechsten Faktors zu gedenken, der Finanzierung des „passiven Widerstandes" im Ruhr= gebiet und späterhin im Rheinland. Dieser Versuch, den französisch= belgischen Einbruch mit einer langandauernden Arbeitsniederlegung einer ganzen Bevölkerung zu beantworten und die Ernährungskosten ebenso wie die feindlichen Beschlagnahmen und sonstigen materiellen Verluste auf die Reichskasse zu nehmen, hat die deutschen Finanzen vollends untergraben. Als Zerrbild einer vernunftgemäßen Wirtschafts= führung fällt aber dieser Teil der Haushaltsrechnung aus dem Rahmen jeder „Finanzpolitik" heraus. Auf einen Versuch, diesen Ausgaben ent= sprechende Einnahmen gegenüberzustellen, ist denn auch von vornherein verzichtet worden. (Die spätere zweimalige Erhebung einer „Ruhr= hilfe" hatte angesichts der erforderlichen Summen nur die Bedeutung einer auf die Massenpsychologie berechneten Geste.) Will man die Kosten dieses von vornherein verlorenen Wirtschaftskrieges in die Haus= haltsrechnung einordnen, so wird man sie entweder als einen Zuschlag zu den Reparations= und Okkupationslasten oder als einen ins Un=

geheuerliche gesteigerten Aufwand für soziale Hilfeleistung anzusehen und unter diesen Titeln in die aufgeführten fünf Verlustposten des deutschen Reichsbudgets einzureihen haben.

Die Reichsregierung hat nun versucht, die ungeheueren und ständig wachsenden Ausgaben, die sich teils aus den politischen Verhältnissen, teils aus der Revolutions- und Inflationswirtschaft mit ihrer Verschwendungstendenz ergaben, mit den Mitteln einer ordnungsmäßigen Finanzgebarung zu bestreiten. Sie hat in schneller Folge zahlreiche Steuern ausgeschrieben, von denen einige — insbesondere die Einkommens- und Erbschaftssteuer — auf ihren obersten Staffeln fast konfiskatorisch wirkten; sie hat mittels der Umsatzsteuer größere Beträge aus der Wirtschaft herausgezogen, als sie je irgendeine Vergleichssteuer erbracht hat (wenn auch die Geldentwertung den Effekt immer wieder in Frage stellte), und sie hat schließlich wiederholt und unter den verschiedensten Bezeichnungen (Kriegsabgabe vom Vermögenszuwachs, Notopfer, Brotabgabe, Ruhrhilfe) tief in das Vermögen des Volkes eingegriffen. Nach einer Berechnung von Jessen hat die der Zahl wie dem Kapital und dem Einkommen nach erheblich geschwächte deutsche Bevölkerung bereits im Jahre 1921 in Reich, Ländern und Gemeinden 130 % des Steuereinkommens von 1913 entrichtet[1]; wobei berücksichtigt werden muß, daß die Inflation stets die Wirkung hat, die alten, konsolidierten, sichtbaren und steuerlich erfaßbaren Vermögen zu dezimieren, eine Vermögenssteigerung aber nur vereinzelt und auf meist dunklen, der Steuerkontrolle schwer zugänglichen Erwerbswegen herbeizuführen.

Die Regierung hat ferner mehrfach versucht, das Defizit des Reichshaushaltes im Wege der fundierten Schuld zu decken. Kaum ein Jahr nach der Novemberrevolution hat sie eine Anleihe aufgelegt, die in nicht ungeschickter Weise den stark entwickelten Spieltrieb der Bevölkerung für Reichszwecke nutzbar machte. Es gelang aber nur 3,63 Milliarden Mark der „Sparprämienanleihe" unterzubringen, von denen überdies die Hälfte (1,81 Milliarden) nicht in bar, sondern im Umtausch gegen Kriegsanleihe gezeichnet wurden. Die nächste Anleihe wurde infolge dieses Mißerfolges erst 2½ Jahre später, im Juli 1922, ausgeschrieben, und zwar, da der Reichskredit inzwischen völlig untergraben war, in Form einer Zwangsanleihe, die bis Ende 1922 rund 3,8 Milliarden Mark erbrachte. Es wurde dann der Versuch mit einer wertbeständigen An-

---

[1] A. Jessen: Finanzen, Defizit und Notenpresse 1914—1922. Berlin 1923.

leihe gemacht, die aber weniger dem Geldbedarf des Reiches als dem Zweck dienen sollte, die Reichsbank als ausübendes Organ des Währungsschutzes in den Besitz eines Devisenvorrates zur Stützung des Marktkurses zu bringen. Man legte 50 Millionen Dollar, gleich rund 200 Millionen Goldmark, sogenannte Dollarschatzanweisungen zur Zeichnung auf, die etwa 6% Zinsen trugen, von der Reichsbank garantiert waren und nach drei Jahren in Gold oder Dollarwährung zurückgezahlt werden sollten. Es wurde aber zunächst nur der vierte Teil davon gezeichnet und mit Devisen bezahlt, so daß die Banken mehrmals einspringen und weitere Teilbeträge übernehmen mußten. Erst als im Herbst 1923 die Mark ihren letzten Halt verlor und der völligen Wertlosigkeit entgegensank, wurden die Dollarschatzanweisungen als Ersatz für Devisen, deren Erwerb der breiten Allgemeinheit verboten war, vom Verkehr absorbiert. Ebenfalls als Ersatz für wertbeständiges Geld fand eine andere Art langfristiger Schatzanweisung, die sogenannte „Goldanleihe", schnellen Abgang. Bis Anfang November 1923 konnten die zunächst vorgesehenen 500 Millionen Goldmark voll abgesetzt werden. Die Anleihe, die zwölf Jahre läuft und 6%ig ist, stellt in ihren kleineren Abschnitten eine Art „Zinsgeld" dar, das sich mangels eines besseren Geldes bis zur Einführung der Rentenmark großer Beliebtheit erfreute.

Trotzdem konnte nur ein kleiner Teil des Erfordernisses aus Steuern und Anleihen gedeckt werden, und insbesondere der Anteil der Steuern (einschließlich Zölle) schmolz schließlich auf ein Minimum zusammen, wie aus nachstehender Statistik hervorgeht.[1]

	Ausgaben (in Milliarden Mark)	Steuern und Zölle (in Milliarden Mark)	Anteil der Steuern und Zölle am Gesamtaufkommen (in Prozent)
Januar 1923 rund	580	156	26,9
Februar „ „	1260	314	24,9
März „ „	1090	216	19,9
April „ „	1550	500	32,5
Mai „ „	2200	1260	57,7
Juni „ „	9000	640	7,17
Juli „ „	27000	1230	4,58
	(in Billionen Mark)	(in Billionen Mark)	
1. 4. bis 20. 10. 1923	416 000	4230	1,02

---

[1] Nach den Veröffentlichungen des Reichsfinanzministeriums und den Angaben der „Wirtschaftskurve", Heft III, 1923.

Die Reichsregierung hatte also nur die Wahl, ob sie den Staatsbankerott erklären oder die auf dem ordnungsmäßigen Wege nicht zu beschaffenden Gelder auf einem anderen, nicht ordnungsmäßigen Wege aus der Wirtschaft herausziehen wollte. Sie hat sich für die zweite Möglichkeit entschieden.

Nun ist an und für sich die Tatsache, daß ein Staatswesen eine bestimmte Haushaltsrechnung — wenn auch nur unter Zuhilfenahme unstatthafter Mittel — ausgleichen kann, ein untrüglicher Beweis dafür, daß die Wirtschaft imstande ist, die ihr zugemuteten Lasten zu tragen, und daß die Kosten des Haushaltes sich daher auch mit Hilfe von Steuern und Anleihen aufbringen lassen würden. Wenn Deutschland seit Jahren einen Beamtenkörper unterhält, der etwa dreimal so groß ist wie vor dem Kriege, und wenn die Ruhrbevölkerung während einer achtmonatigen Erwerbsunterbrechung ausreichend hat ernährt werden können, ohne daß Auslandskredite anormalen Umfangs in Anspruch genommen worden sind, bedeutet das nichts anderes, als daß der Rest der deutschen Bevölkerung einen Teil seines Konsums an Beamte und Ruhrbevölkerung abgetreten hat. Da aber die deutsche Wirtschaft keine Natural-, sondern eine Geldwirtschaft ist, und da mithin jeder Konsumverzicht des einen zugunsten des anderen sich äußerlich in die Form einer Geldhingabe kleidet, so muß das deutsche Volk als Ganzes notwendig die Geldmittel aufgebracht haben, deren das Reich für die gedachten Zwecke bedurft hat. Eine mit den erforderlichen Machtmitteln oder der nötigen Autorität ausgestattete Regierung würde also den Reichshaushalt mit Steuern und Anleihen im Gleichgewicht erhalten haben können. Diese beiden Voraussetzungen fehlten aber. Die Bevölkerung war nicht gewillt, glaubte sich übrigens auch außerstande, die gewaltigen Anforderungen des Reichshaushaltes zu decken. Da die Deckung aber dennoch gelungen ist, so ergibt sich, daß das Reich eine besondere Methode angewandt und mit ihrer Hilfe tatsächlich das ganze Soll der Haushaltsrechnung aus der widerstrebenden Wirtschaft herausgezogen hat. Die Methode bestand darin, das Geld, das die Bevölkerung herzugeben sich weigerte, durch Inanspruchnahme der Reichsbank und ihres seit Kriegsbeginn praktisch unbegrenzten Emissionsrechts zu beschaffen.

Dieses Verfahren läuft, wie wir bereits gesehen haben, auf nichts anderes hinaus, als auf die denkbar schärfste Besteuerung der Wirtschaft. Die Kaufkraft, die das Reich sich so verschafft, kommt naturgemäß nicht aus der vierten Dimension, sondern fehlt notwendigerweise irgendwo im Verkehrsleben. Die durch den Besitz von Geld zur Ausübung einer Kaufkraft ganz bestimmten Umfanges legitimierten Personen verlieren einen Teil ihres Anspruches dadurch, daß das Reich neues Geld herstellen läßt, das einen gleichartigen Anspruch verkörpert, und mit dessen Inhabern die Besitzer des alten Geldes daher teilen müssen. Das deutsche Volk hat denn auch tatsächlich sein Einkommen mit der Überzahl der Beamten, mit der Ruhrbevölkerung und mit allen sonstwie aus dem Reichshaushalt dotierten Kreisen geteilt, indem es unfreiwillig eine Quote seiner Kaufkraft an jene abgetreten hat; ein Vorgang, der sich in der äußeren Form der „Geldentwertung" abspielte.

Das Mittel, dessen sich die Reichsregierung bediente, um die Reichsbank zur Hergabe der erforderlichen neuen Geldmengen zu veranlassen, war auch jetzt wieder die aus der Kriegszeit her bekannte kurzfristige Schatzanweisung, also ein seiner Rechtskonstruktion nach durchaus legales Mittel der Geldbeschaffung. Das Reich verpflichtete sich in der Schatzanweisung zur Rückzahlung eines empfangenen Betrages nach drei Monaten — bei bestimmten Serien nach sechs und zwölf Monaten — und mußte bei Fälligkeit tatsächlich zahlen, wenn der Inhaber nicht bereit war, eine neue Schatzanweisung anzunehmen. Es handelte sich also um eine Schuldverschreibung, die sich von der Anleihe nur durch die kurze Laufzeit und eine technische Abweichung in der Zinszahlung unterschied. Durch die bei Kriegsausbruch erfolgte Gleichstellung mit dem Wechsel erfuhr der juristische Charakter des Papiers allerdings eine gewisse Veränderung. Wirtschaftlich aber war die Schatzanweisung nach wie vor eine Obligation des Reiches gegenüber dem Kapitalmarkt. Die leichte Beleihbarkeit bei der Reichsbank war ein Reizmittel, durch das die Erwerbskreise veranlaßt werden sollten, neben Spargeldern auch ihre vorübergehend entbehrlichen Betriebsreserven in dem Papier — statt wie früher in Privatdiskonten — anzulegen, außerdem ein Notbehelf für das Reich, das seine Schatzanweisungen von der Reichsbank diskontieren lassen konnte, um sie bei Fälligkeit aus dem Ertrag einer langfristigen Anleihe einzulösen.

Von dieser legitimen Art der Schatzanweisung begannen sich aber die gleichnamigen Kreditpapiere des Reiches nach dem Kriege mehr und mehr zu unterscheiden. In dem Maße, wie die dem Reiche eröffneten Kredite im Wege der Schatzanweisung statt in dem der Anleihe flüssig gemacht werden mußten, schwand die Wahrscheinlichkeit der Einlösung bei Fälligkeit. Nicht deshalb, weil ihr Betrag allmählich so hoch anschwoll, daß die Möglichkeit einer Fundierung durch langfristige Anleihen in Frage gestellt schien: die Kriegserfahrung hatte erwiesen, daß Schatzanweisungen, die erst einmal vom Kapitalmarkt aufgesaugt worden waren, ohne Schwierigkeit fast restlos in Anleihe umgewandelt werden konnten, ja für eine solche Umwandlung geradezu prädestiniert waren. Die Einlösbarkeit der Schatzanweisungen wurde vielmehr deshalb immer fraglicher, weil ein großer und unter Schwankungen zunehmender Teil von ihnen keinen Eingang am Kapitalmarkt mehr fand, sondern von vornherein an die Diskontbereitschaft der Reichsbank appellierte. Das Verhältnis des bei der Reichsbank ruhenden Teils der Schatzanweisungen zur gesamten schwebenden Schuld geht aus der folgenden Zusammenstellung hervor:

	Schwebende Schuld (in Milliarden Mark)	Davon bei der Reichsbank (in Milliarden Mark)	Prozentsatz der bei der Reichsbank ruhenden Schatzanweisungen an der schwebenden Schuld
Mitte 1914	0,5	—	—
Anfang November 1918	50	19 [1]	38,0
Ende 1920	170	50 [1]	29,0
„ 1921	247	132	53,0
„ 1922	1822	1184	65,0
	(in Billionen Mark)	(in Billionen Mark)	
31. März 1923	8,1	4,5	55,5
30. Juni 1923	24,9	18,4	73,9
30. September 1923	46 700,0	45 216,2	96,8

Während es im Kriege gelungen war, zwei Drittel der Gesamtkosten ohne Zuhilfenahme der Schatzanweisung am Kapitalmarkt zu decken und von dem letzten Drittel, das auf schwebende Schuld genommen werden mußte, den weitaus größeren Teil ebenfalls am Kapitalmarkt unterzubringen, so daß kaum 15 % der Kriegskosten von der Reichsbank finanziert zu werden brauchten, wird in der Nachkriegszeit das Verhältnis immer ungünstiger: Die schwebende Schuld nimmt in Gestalt der Schatzanweisung einen immer breiteren Raum im Reichshaushalt ein, bis die fundierte Schuld neben ihr fast verschwindet, und von dieser lawinenhaft anschwellenden Masse drängt ein immer größerer Teil in die Reichsbank. Es handelt sich jetzt also nicht mehr um kurzfristige

---

[1] Schätzungsweise.

Schuldverschreibungen, die interimistisch, bis zur Ablösung durch eine langfristige Anleihe, die verfügbaren Mittel des Kapitalmarktes ansaugen, sondern um Papiere, deren Uneinlösbarkeit von vornherein feststeht, und die daher ein Zahlungsversprechen enthalten, von dem die Reichs= regierung sich bewußt ist, daß sie es nicht wird halten können. Statt diese Papiere auszufertigen und der Reichsbank direkt oder mittelbar zum Umtausch in eine entsprechende Menge neuer Banknoten zu über= geben, konnte das Reich die erforderlichen Geldmengen ebensogut in eigenen Druckereien herstellen, also Staatspapiergeld statt Banknoten in den Verkehr pressen. Denn die Schatzanweisungen hatten die Eigen= schaft, die sie zur Kapitalsanlage stempelt, d. h. zu einem Dokument über die zeitweilige Abtretung verfügbarer Kaufkraft, völlig verloren, seit der Kapitalmarkt nicht mehr bereit war, diese Abtretung tatsächlich vorzunehmen. Insoweit die Schatzanweisungen dazu dienten, dem Reiche an Stelle der legitimen Kaufkraft, die sich ihm entzog, eine neue, illegitime Kaufkraft in Gestalt zusätzlicher Notenmengen zuzuwenden, waren sie, obwohl dem Namen nach noch immer eine Geld b e c k u n g, der Sache nach selbst G e l d geworden. Und es sind lediglich formale Gründe, die das Reich verhindert haben, sie auch äußerlich die Form von Geld annehmen zu lassen und statt der Reichsbanknoten reichs= unmittelbares Papiergeld in Umlauf zu setzen, wie es dies gelegentlich einmal getan hat, indem es den kleinen Abschnitten seiner verzinslichen Goldanweisungen (Goldanleihe) ausdrücklich die Eigenschaft eines Zahlungsmittels verlieh.

Eine Finanzpolitik, die im Effekt darauf hinauslief, der Wirtschaft ungeheuere, ihre Leistungsfähigkeit weit übersteigende Summen mit Ge= walt zu nehmen — durch Enteignung auf währungstechnischem Wege —, mußte mit der Zeit zerrüttend wirken. Daneben hatte aber eine solche Politik auch höchst unerwünschte Folgen für das Ausland. Die Über= schwemmung des Weltmarktes mit deutscher Ware, die schon eine not= wendige Folge des Reparationszwanges war, nahm unter dem Ver= armungsprozeß, den die Notenpresse herbeiführte, und der sich u. a. in der Verschleuderung von Kapitalgütern äußerte, groteske Formen an. Infolgedessen legte das Ausland bei jeder Gelegenheit Verwahrung gegen die deutsche Finanzwirtschaft ein. Als die Reichsregierung im März 1922 bei der Reparationskommission ein Moratorium nachsuchte, wurde ihr dasselbe nur unter der Bedingung bewilligt, daß der Finan= zierung des Reichshaushalts durch die Notenpresse binnen kürzester

Frist ein Ende gemacht werde. Der für 1922 veranschlagte Fehlbetrag sollte durch eine innere Anleihe und durch Steuern beseitigt werden, für die sogar bestimmte Ziffern vorgeschrieben wurden. Die Reichs= regierung nahm diese Forderung an und verpflichtete sich, die schwebende Schuld nicht über ihren Stand vom 31. März hinaus zu erhöhen. Sie wollte also tatsächlich den Versuch machen, den ordentlichen Haushalt und die Reparations=Sachleistungen — nur für die mit Devisenkäufen verbundenen Barzahlungen wurde Stundung oder Auslandskredit verlangt — auf ordnungsmäßigem Wege aus der Wirtschaft heraus zu bestreiten. Man glaubte sich dazu imstande, weil die Reichseinnahmen in den vorhergehenden Monaten eine erhebliche Besserung erfahren hatten. Das Reichsnotopfer und die Zugänge aus der Einkommen= steuer hatten den Voranschlag weit übertroffen, und die Gesamteinnahmen hatten sich vom November 1921 bis März 1922, also in vier Monaten, glatt verdoppelt. Das Wiesbadener Abkommen, das jetzt einen Ausbau erfahren sollte, gestattete die Umwandlung von Barreparationen in Sachleistungen, wovon man sich wesentliche Ersparnisse versprach. Die Betriebsverwaltungen — Post und Eisenbahnen — arbeiteten mit verringertem Defizit und ließen an baldige Überschüsse glauben. Die schwebende Schuld zeigte, obwohl sie noch immer stieg, doch ein merklich verringertes Wachstum. So hoffte man denn den Haushalt demnächst völlig ins Gleichgewicht bringen und die Zwischenzeit mit dem Ertrag einer Zwangsanleihe überbrücken zu können. Bei dieser Rechnung übersah man aber eine Reihe wichtiger Momente. Einmal vergaß man beim Kapitel der Reparationen, daß Sachleistungen genau so gut be= zahlt werden mußten wie Barleistungen, und daß, wenn sie im Moment vielleicht auch billiger zu stehen kamen, weil die Mark im Inland kauf= kräftiger war als im Ausland, dieser Vorteil doch verschwinden mußte, sobald Inlands= und Auslandswert der Mark niveaugleich wurden. Ferner dachte man nicht daran, daß diese Nivellierung, die in einer all= gemeinen Preissteigerung zum Ausdruck kommen mußte, zwei ver= hängnisvolle Wirkungen auslösen würde: erstens eine entsprechende Mehrbelastung des Reichshaushaltes, dessen Ausgaben für sachliche und persönliche Zwecke sich parallel der Preissteigerung erhöhten; zweitens eine Schwächung der deutschen Steuerkraft, weil das Ansteigen der Inlandspreise auf das Weltmarktniveau den Schleuderexport lahm= legte, der zwar ein nationaler Substanzverlust, privatwirtschaftlich aber eine Einkommensquelle war. Der Irrtum wurde noch in demselben Sommer offenbar. Die Reichseinnahmen blieben stärker als je zuvor hinter den Ausgaben zurück, und da eine internationale Bankierkonferenz in Paris die erhoffte Auslandsanleihe ebensowenig brachte wie die Genua=Konferenz kurz zuvor, so glitt die deutsche Finanzpolitik in die Tendenz eines widerstandslosen „laisser aller" hinein. In den ersten Monaten des Vorjahres hatte man noch versucht, den anschwellenden Strom der Ausgaben einzudämmen, und zu diesem Zwecke, wenn auch mit geringem Erfolg, einen „Sparkommissar" bestellt. Jetzt stand man im Zeichen des Achselzuckens, ließ die Behörden ihren Apparat für alle möglichen Zwecke vergrößern und deckte die mit der Geldentwertung steigenden Kosten mittels der Notenpresse, womit man den Anstoß zu immer weiterer Entwertung und neuer Kostensteigerung gab. Es mag dahingestellt bleiben, ob der Großindustrielle recht hatte, der da schrieb: „Vielleicht lag in dieser Harmlosigkeit der öffentlichen Steuer= und Preispolitik System, insofern man hoffte, durch die Defizitwirtschaft die Entente von unserer Zahlungsunfähigkeit zu überzeugen."[1] Jedenfalls war die Folge, daß in den neun Monaten, die auf den 31. März 1922 folgten, die schwebende Schuld von rund 270 Milliarden Mark, der Ziffer, die nicht zu überschreiten man sich bereit erklärt hatte, auf 1822 Milliarden, also fast das Siebenfache stieg, um dann in schnellstem Tempo in Ziffern hineinzuwachsen, mit denen man bis dahin nur in der Astronomie zu rechnen gewohnt war. Schon Ende Mai 1923 schrieb die Reichsbank (im Bericht für das Jahr 1922) hierzu: „Ein Nachlassen der Kaufkraft und ein grenzloser Verarmungsprozeß breiter Volksschichten war die un=mittelbare Begleiterscheinung der Entwicklung."

4. Reichsbank, Reichsschatzanweisungen und Kapitalmarkt.

Die Reichsbank hat in der ganzen Kriegs= und Nachkriegszeit niemals den Versuch gemacht, sich der Inanspruchnahme durch die Reichsfinanz=verwaltung und der Überanstrengung ihres Notenemissionsrechts zu widersetzen. Solange sie annehmen durfte, daß früher oder später eine Fundierung der schwebenden Schuld erfolgen würde, hielt sie die

---

[1] Generaldirektor M. Kubierschky (Mix & Genest A.=G.) im „Wirtschafts=dienst" vom 9. November 1923.

Ausdehnung ihres Notenumlaufes für unschädlich. Das Reichsbankpräsidium verneinte lange Zeit das Kausalitätsverhältnis zwischen Geldentwertung und Geldmenge, wie es die Quantitätstheorie behauptete [1], und vertraute auf die Deflation, die an Stelle der Inflation treten und die etwaigen Schäden der letzteren beseitigen würde, sobald das Reich in die Lage käme, seine Schatzanweisungen aus dem Erlös einer Anleihe zu tilgen. Überdies betrachtete sich die Reichsbank auch in der Zwischenzeit nur als Durchgangsstelle für die Schatzanweisungen, als vermittelnde Instanz zwischen Reich und Kapitalmarkt. Als dann die Aussichten auf eine baldige Ablösung der schwebenden Schuld durch langfristige Anleihen immer mehr schwanden und gleichzeitig immer größere Mengen von Schatzanweisungen definitiv bei der Reichsbank verblieben, weil der Kapitalmarkt sie nicht aufnahm oder nach der Aufnahme an die Reichsbank zurückleitete, machte die Bank weder die Finanzpolitik des Reiches noch die Organisation des Kapitalmarktes dafür verantwortlich, sondern bestimmte Erscheinungen des Wirtschaftslebens, als da waren: die Fehlbeträge der Betriebsverwaltungen, die Teuerung, das „Hamstern" von Zahlungsmitteln, den Abfluß von Marknoten in das Ausland, die Flucht in die Sachgüter und die Devisen, die passive Zahlungsbilanz. Alle diese Momente, vor allem aber die übermäßigen Reparationslasten, wirkten nach Ansicht der Reichsbank auf das Reich wie ein Zwang, seinen Haushalt durch steigende Mengen von Schatzanweisungen auszugleichen. Und auch dann noch, als nicht mehr zu verkennen war, daß die meisten wirtschaftlichen Störungen nicht nur Ursache, sondern mindestens ebensosehr Wirkung und Symptom einer verhängnisvollen Finanzpolitik waren, hielt die Bank an der Ansicht fest, daß man es hier mit höherer Gewalt zu tun habe. Mit apodiktischer Bestimmtheit heißt es im „Verwaltungsbericht für das Jahr 1922" (Seite 5): „Diese Wechselwirkung zwischen Geldschöpfung, Valutaverschlechterung und Steigen des Preis- und Lohnniveaus wird sich so lange wiederholen, und zwar unter immer grotesqueren Formen, wie der übermäßige Umfang der Reparationslasten eine Deckung der Reichsfinanzen und eine Besserung unserer Zahlungsbilanz verhindert."

Diese Auffassung, daß das Reich unter einem Zwange handle, und

---

[1] In dem im Mai 1921 erstatteten Jahresbericht der Reichsbank (für 1920) findet sich zum ersten Male das Zugeständnis, daß eine übermäßige Ausdehnung des Geldumlaufs die „verderblichen Folgeerscheinungen zunehmender Geldentwertung und Valutaverschlechterung" habe.

daß derselbe Zwang der Verhältnisse auch der Reichsbank ihr Verhalten vorschreibe, hat es niemals zu einem Widerspruch der Bank gegen die Reichsfinanzpolitik oder gar zu einer Weigerung, fernerhin Reichsschatzwechsel zu diskontieren, kommen lassen. Man hat dieses passive Verhalten der Bankleitung, das die Reichsbank sozusagen zu einem ausführenden Organ der Regierung machte, oft darauf zurückführen wollen, daß das Institut laut Bankgesetz der „Aufsicht und Leitung des Reichs" unterstellt war. Deshalb hat auch die Reparationskommission im März 1922 gefordert, daß das Bankgesetz abgeändert und der Reichsbank die volle Autonomie verliehen werde. Aber die Voraussetzung war irrig. Wie die Reichsbank in ihrem Bericht für das Jahr 1922 (Seite 10) ausdrücklich konstatiert, ist weder vom Reichskanzler, dem die Bank unmittelbar unterstellt war, noch von irgendeiner anderen Reichsinstanz „kaum jemals" ein Druck auf ihre Geschäfts- und Kreditpolitik ausgeübt worden. Es hätte auch an jeder Gelegenheit zu einer Aufrollung der Machtfrage gefehlt, weil das Reichsbankdirektorium die Finanzpolitik der Reichsregierung nicht nur allezeit billigte, sondern in seiner Eigenschaft als sachverständiger Berater sogar weitgehend beeinflußte. Insofern könnte mit größerem Recht eine Abhängigkeit der Reichsfinanzpolitik von den Auffassungen der Reichsbankleitung vermutet werden, als umgekehrt. Und in der Tat hat die Abänderung des Bankgesetzes im Mai 1922, das der Reichsbank die volle Autonomie auch in juristischer Beziehung verlieh, ihr Verhältnis zum Reich nicht im geringsten modifiziert. Im Gegenteil, die Beanspruchung der Bank nahm gerade jetzt, wo sie dem Reich als vollkommen selbständiges Organ gegenüberstand, jenes Übermaß an, das schließlich zur völligen Zerrüttung der deutschen Währung geführt hat. Die Bankleitung war eben, wie sie in ihrem Bericht für 1922 ausdrücklich feststellt, der Überzeugung, „daß nach Lage der Verhältnisse dem Reich zur Deckung seiner notwendigen Ausgaben ein anderer Weg als die Aufnahme schwebender Schulden nicht offen stehe".

Wenn diese Auffassung auch die Übernahme praktisch unbegrenzter Mengen Schatzanweisungen seitens der Reichsbank voll erklärt, so gibt sie doch keine Begründung dafür, warum von den so übernommenen Schatzanweisungen mit der Zeit ein immer größerer Prozentsatz nicht an den Kapitalmarkt weitergegeben, sondern als Deckung für entsprechende Mengen Banknoten im Besitz der Bank verblieben ist. Während des Krieges, der grundsätzlich mit Anleihen und nur interimistisch und aushilfsweise mit Schatzanweisungen finanziert worden war, hatte die Reichsbank durchschnittlich zwei Drittel der dem Reiche diskontierten Schatzanweisungen an den Kapital- bzw. Geldmarkt weitergegeben. In den ersten Nachkriegsjahren war dann der Prozentsatz der von der Wirtschaft aufgesaugten Schatzanweisungen unter Schwankungen noch gestiegen, so daß die Reichsbank für den weitaus größten Teil von ihnen nur Durchgangsstelle war. Am 31. Dezember 1920 waren, wie aus der Zusammenstellung Seite 32 hervorgeht, schätzungsweise 71% der schwebenden Schuld in den Händen des Privatkapitals und nur 29% im Besitz der Reichsbank. In den nächsten Jahren hat sich dieses Verhältnis aber — mit Unterbrechungen — erheblich verschlechtert, bis im Herbst 1923 nur noch ein ganz kleiner Bruchteil in Privathänden, fast die ganze schwebende Schuld also von der Reichsbank aufgenommen war. Es entsteht daher die Frage, warum die Reichsbank, wenn sie schon der Ansicht war, daß der Reichshaushalt ohne Aufnahme schwebender Schulden nicht balanciert werden könne, die Schatzanweisungen nicht weit energischer, als es tatsächlich geschehen ist, in den Verkehr gepreßt und sich so der Notwendigkeit enthoben hat, den Reichsbedarf in steigendem Umfange mit der Notenpresse zu decken. Das Kriterium für eine ordnungsmäßige Wirtschaftsführung ist ja nicht, ob der Bedarf mit Hilfe lang- oder kurzfristigen, verzinslichen oder unverzinslichen Schuldverschreibungen bestritten wird, sondern ob er, gleichviel in welcher Weise, aus der am Kapitalmarkt verfügbaren Kaufkraft gedeckt werden kann. Das Prinzip, den Haushalt auf die kurzfristige und unverzinsliche Schatzanweisung einzustellen, also mit schwebenden Schulden zu wirtschaften, wirkt nicht unter allen Umständen, sondern nur dann verderblich: wenn die Schatzanweisungen nicht vom Kapital aufgenommen werden, nicht effektiv vorhandene Kaufkraft absorbieren, vielmehr zur Entstehung einer neuen, keinem wirtschaftlichen Rechtstitel entspringenden, aus der Willkür geborenen Kaufkraft führen, die am Gütermarkt mit der legitimen Kaufkraft in Konkurrenz tritt. Solange mithin nicht von vornherein die Unmöglichkeit feststeht, den durch Steuern nicht gedeckten Anspruch des Haushalts am Kapitalmarkt zu befriedigen, trägt nicht die mit Schatzanweisungen wirtschaftende Finanzbehörde, sondern diejenige Instanz die Verantwortung, der die Schatzanweisungen zum Zwecke der Beschaffung von Kaufkraft übergeben worden sind. Und diese Instanz ist die Reichsbank.

Nun muß allerdings die Frage, ob der Kapitalmarkt imstande war,

den Totalbetrag der vom Reichsschatzamt an die Reichsbank begebenen Schatzanweisungen aufzunehmen, für das Jahr 1923 verneint werden. Wenn auch grundsätzlich daran festgehalten werden muß, daß jede Summe Kaufkraft, die das Reich aus der Wirtschaft herausbricht, indem es sich mittelbar der Notenpresse bedient, sich auch auf anderem, ordnungs=
mäßigem Wege beschaffen läßt, so hat man sich andererseits doch zu ver=
gegenwärtigen, daß die Notenpresse nicht ausschließlich am Kapital=
markt schöpft, nicht nur die Ü b e r s c h ü s s e an sich zieht, die das Volkseinkommen über den Verbrauch hinaus entstehen läßt, sondern auch tief in die E i n k o m m e n s e l b s t eingreift, noch ehe der normale Verbrauch daraus bestritten worden ist. Von einem gewissen Stadium der Inflation an schöpft die Notenpresse sogar überwiegend aus dem Verbrauchsfonds der Wirtschaft. Sie übereignet dann dem Reichs=
haushalt nicht nur Kaufkraft, die bestimmt war, als Kapital produktiv verwendet zu werden; sondern sie führt ihm vorzugsweise eine Kauf=
kraft zu, die dadurch entstanden ist, daß die Bevölkerung von der Preis=
steigerung — die gewissermaßen die Brechzange darstellt, mit der die Notenpresse in die Einkommen einbricht, — zu erheblicher Konsum=
beschränkung, ja in einzelnen Schichten sogar zu äußerster Entbehrung gezwungen wird. Dieser Teil der nationalen Kaufkraft wäre niemals Kapital geworden, ja hätte sich nicht einmal als bankmäßige Tages=
reserve dem kurzfristigen Kreditbedürfnis angeboten. Infolgedessen wäre er durch keine noch so geschickte Politik der Reichsbank aus dem Kapital= oder Geldmarkt zu entnehmen gewesen. Mit den Hilfsmitteln der Statistik läßt es sich nicht feststellen, von welchem Augenblick an die Schatzanweisungen den Betrag überstiegen haben, der als Kapital greifbar vorhanden war oder auf zweckentsprechenden Anruf zu Kapital geworden wäre. Mit einiger Sicherheit läßt sich nur sagen, daß dieser Augenblick im Frühjahr 1923 vorüber war, und daß die Fähigkeit des Kapitalmarktes, die Gesamtsumme der vom Reiche ausgegebenen Schatz=
anweisungen aufzunehmen, bestenfalls bis zum Beginn der Finanzierung des passiven Widerstandes an der Ruhr gedauert hat.

Die Reichsbank ist aber der Ansicht gewesen, daß die Voraussetzungen für die restlose Unterbringung der vom Reiche übernommenen Schatz=
anweisungen am Kapitalmarkt in der ganzen Nachkriegszeit nicht ge=
geben gewesen seien. Es ist dem oft entgegengehalten worden, daß bis zum Sommer 1922 am deutschen Geldmarkt ein Zinssatz geherrscht habe — selten mehr als 4 % für Tagesgeld, 3½—4½ % für Monats=

bis Dreimonatsgeld¹ —, der auf ein reichliches Geldangebot schließen lasse, und daß die Reichsbank selbst für den am Markt begebenen Teil der Schatzanweisungen der Regel nach nicht mehr als $4^5/_8$ % vergütet habe. Die Reichsbank habe nur ihren Diskontsatz (während der ganzen Nachkriegszeit bis Ende Juli 1922 ständig 5 %) zu erhöhen und den Abnehmern von Schatzanweisungen einen entsprechend aufgebesserten Zins zu vergüten brauchen, um einen wesentlich größeren Absatz an Schatzanweisungen zu erzielen und den Rückgriff auf die Notenpresse überflüssig zu machen. Walter Eucken mißt der Zinspolitik der Reichsbank nicht nur einen Teil der Schuld, sondern, vom Defizit im Reichshaushalt als dem ersten Anstoß abgesehen, sogar die alleinige Schuld an der Inflation bei², und ähnlichen Ansichten hat eine ganze Reihe ausländischer Volkswirte und Bankfachleute Ausdruck gegeben. Demgegenüber schreibt die Reichsbank in ihrem Bericht für das Jahr 1922 „Es bedarf keiner besonderen Ausführung, daß mit Diskonterhöhungen allein unter den heutigen Verhältnissen nur ein geringer Einfluß auf den Kreditverkehr erreicht werden kann. Der Kreditbedarf des Reichs ergibt sich zwangsläufig und läßt sich durch solche Maßnahmen nicht verringern. Auch für die privaten Ansprüche kommt der Verteuerung des Kredits, selbst bei einer Vervielfachung der heutigen Sätze, angesichts der starken Steigerung der gegenwärtigen Verlust- und Gewinnmöglichkeiten des gewerblichen Lebens bei dem schwankenden Geldwerte vielfach keine entscheidende Bedeutung zu."

Die Reichsbank behandelt hier das Zinsproblem lediglich von der Seite der Kreditabwehr, nicht aber von der Seite des aktiven Eingreifens am Kapitalmarkt und der Nutzbarmachung disponibler Kaufkraft zugunsten des Reichs. Es muß zugegeben werden, daß den Zinssätzen des Geldmarktes meist eine größere Bedeutung beigemessen wird, als ihnen — wenigstens für die Beurteilung der Kapitalstärke der Wirtschaft — beiwohnt. Der Geldmarkt hat mit dem Verhältnis von Kapitalanspruch zu Kapitalangebot so gut wie nichts zu tun und wird fast ausschließlich davon bestimmt, in welchem Verhältnis die liquiden Reserven der Wirtschaft, d. h. die Gelder, die gerade daran gehindert werden

---

[1] Das Statistische Jahrbuch für das Deutsche Reich, Jahrgang 1923, gibt für Dreimonatswechsel (Privatdiskont) die folgenden Durchschnitte an: 1919 3,19%, 1920 3,59%, 1921 3,49%. Erst der Durchschnitt 1922 erhebt sich auf 5,90%.

[2] Kritische Betrachtungen zum deutschen Geldproblem. Jena 1923.

sollen, sich zu Kapital niederzuschlagen, zu dem Bedürfnis stehen, solche Reserven auf kurze Frist nutzbar zu machen. Über den Stand der Kapitalbildung sagt der Geldmarkt so wenig aus, daß er oft flüssig ist, wenn ausgesprochener Kapitalmangel besteht, und umgekehrt steif, wenn Kapital hinreichend zur Verfügung steht. Man kann also der Reichsbank keinen Vorwurf daraus machen, daß sie den Sätzen dieses Marktes keine allzu große Bedeutung beimißt, wenigstens zu einer Zeit, wo die vom Geldmarkt regulierte Wanderung der Reserven von Land zu Land für den deutschen Markt ausscheidet. Um so mehr Aufmerksamkeit hätte die Reichsbank aber dem Kapitalmarkt im eigentlichen Sinne des Wortes schenken sollen. Es hätte ihr auffallen müssen, daß noch bis tief in das Jahr 1922 hinein 4% Hypothekenpfandbriefe und 4½—5% Industrieobligationen Aufnahme beim Sparkapital fanden — obwohl die Geldentwertung einen Teil des Zinses zur Risikoprämie machte, den reinen Zins also noch herabdrückte —, und daß das Nominalkapital der deutschen Aktiengesellschaften sich beispielsweise in dem einen Jahre 1920 um nicht weniger als 43% (von 20,2 auf 29,0 Milliarden Mark) erhöhte [1]. Wobei zwar der gesunkene Wert der Mark berücksichtigt werden muß, andererseits aber ins Gewicht fällt, daß bis zum 15. Oktober 1920 Gründungen und Kapitalserhöhungen von Aktiengesellschaften nur mit Genehmigung der Reichsbank selbst erfolgen durften. Im Jahre 1921, als diese Genehmigungspflicht fortfiel, trat bei den Gesellschaftskapitalien (Aktiengesellschaften und Gesellschaften mit beschränkter Haftung) eine Zunahme um nicht weniger als 24,87 Milliarden Mark ein [2]. Wollte die Reichsbank diese Ziffern als nicht beachtlich ansehen, was insofern statthaft gewesen wäre, als der Rechtsvorgang einer Gründung oder Kapitalserhöhung keineswegs identisch mit einer entsprechenden Absorption von Kapital ist, so hätte doch die folgende Überlegung Einfluß auf ihre Politik gewinnen müssen: Während der letzten beiden Kriegsjahre waren je 25 Milliarden Mark durch die Kriegsanleihen und weitere je 10 Milliarden Mark durch die Schatzanweisungen aus der Wirtschaft herausgezogen worden (alles in runden Ziffern). Wäre in den darauf folgenden Friedensjahren eine ähnliche Politik der Kapitalsansaugung befolgt worden — die übrigens, wie an anderer Stelle dargelegt, noch wirksamer hätte gestaltet

---

[1] Nach dem Statistischen Jahrbuch für das Deutsche Reich 1921/22.
[2] Nach der fortlaufenden Statistik in der „Bank".

werden können—, so hätte es in der Zeit vom Waffenstillstand bis Ende 1921 der Aufnahme der schätzungsweise 123 Milliarden Schatzanweisungen seitens der Reichsbank nicht bedurft. Denn die während dieser Zeit aufgenommenen Reichskredite (Schatzanweisungen und Sparprämienanleihe) machen, in Goldmark und auf das Jahr berechnet, nicht entfernt die Beträge aus, die das Reich in den Kriegsjahren aufgenommen hat.

Als Mittel der Kapitalansaugung hätte eine strenge Zinspolitik der Bank vermutlich sehr gute Dienste getan. Selbst wer die Diskontpolitik unter dem Gesichtspunkt der Abwehr von Kreditansprüchen verwirft, weil sie erfahrungsgemäß gerade die bedenklichsten Kredite nicht abschreckt und außerdem durch das weit verläßlichere Mittel der absoluten Kreditverweigerung ersetzt werden kann, der wird doch zugeben müssen, daß ein hoher Zins das wirksamste Mittel ist, um Kapital anzusaugen. Die Reichsbank hat, wenn es sich um die Geldbeschaffung mit dem Lockmittel des Zinses handelte, meist nur an das Auslandskapital gedacht und deshalb eine Zinserhöhung für überflüssig gehalten; denn „für die internationalen Geldbewegungen wurden andere Gesichtspunkte als der Zinsfuß maßgebend, und gegenüber dem in den Valutadifferenzen liegenden Risiko kam der aus dem höheren Diskontsatz sich ergebende Vorteil nicht in Betracht"[1]. Als Reizmittel für das Inlandskapital, das sich als so überraschend leistungsfähig gezeigt und fünf Sechstel der ungeheueren Kosten eines Dreifrontenkrieges aufgebracht hatte, hielt man einen hohen Zins nicht für geeignet. Dieses Kapitals glaubte man sicher zu sein, wenn man ihm einen über die Sätze des Geldmarktes leicht hinausgehenden Zins vergütete. Man identifizierte die am Geldmarkt umlaufenden und leicht zu kontrollierenden Barreserven der Wirtschaft mit dem sich aus hunderttausend Zuflüssen regenerierenden, der Kontrolle weit schwerer zugänglichen Kapital und unterschätzte die Konkurrenz, welche die leichte Verdienstmöglichkeit nach dem Kriege dem Staatskredit machte.

Wollte man aus Rücksicht auf die — wirklichen oder vermeintlichen — Interessen der Wirtschaft die Festsetzung eines hohen Bankdiskontsatzes vermeiden, so stand nichts im Wege, einen Sonderzins für die Schatzanweisungen einzuführen. Das Bankgesetz stellte allerdings die Schatzanweisungen den Wechseln gleich und sah nur einen Diskontsatz für

---

[1] Vizepräsident von Glasenapp in der Deutschen Wirtschafts-Zeitung vom 19. August 1922.

beide vor. Aber es konnte mit Leichtigkeit geändert werden, wie es ja im Herbst 1923 tatsächlich zu einer Abänderung der Diskontnorm gekommen ist. Was die Mehrbelastung des Reichsbudgets betrifft, die sich aus der Vergütung eines höheren Zinses an die privaten Inhaber der Schatzanweisungen ergeben hätte, so würde sie nur während der kurzen Zeit bis zur Umwandlung der schwebenden in eine fundierte Schuld gedrückt haben. Denn bei einer gesunden Finanzwirtschaft und wertbeständigen Währung, wie eine restlose Unterbringung der Schatzanweisungen beim Privatkapital sie zur Folge gehabt hätten, würde eine langbefristete deutsche Anleihe im Inland und Ausland selbst mit einer erheblich niedrigeren Realverzinsung gern genommen worden sein. Aber auch andere Mittel der Kapitalansaugung standen zur Verfügung. So konnte die Reichsbank befristete Depositen an sich ziehen, die ihr bei dem Vertrauen, das sie bis 1922 genoß, in breitem Strome zugeflossen wären, wenn der Zins die Depositenzinsen der Privatbanken um ein geringes überstiegen hätte. Das würde den Vorteil gehabt haben, daß die Reichsbank einen entsprechenden Teil der Schatzanweisungen als Anlage für die Depositen im Bestande hätte halten können — wie die Bank von England Konsols und Schatzwechsel zu gleichem Zwecke besitzt —, ohne auf die Notenpresse zurückgreifen oder den Verkehr mit übergroßen Mengen von Schatzanweisungen belasten zu müssen, die ihre Rediskontbereitschaft ständig bedrohten. Die Annahme verzinslicher Depositen, die übrigens im Verein mit der Schatzanweisungspolitik ein vorzügliches Mittel der Kontrolle über den Kapitalmarkt bildet, steht der Reichsbank nach dem Bankgesetz allerdings nur bis zur Höhe ihres Eigenkapitales frei. Aber schon lange vor dem Kriege ist in anderem Zusammenhange (Sicherung der Depositen- und Spargelder) die Aufhebung dieser bankgesetzlichen Begrenzung erwogen worden[1], und nichts hätte im Wege gestanden, diese vergleichsweise harmlose Abänderung des Bankgesetzes jetzt vorzunehmen.

Vor allem aber hatte die Reichsfinanzverwaltung selbst ein Mittel zur Hand, um die übermäßige Belastung der Reichsbank mit Schatzanweisungen zu verhindern, und es ist schwer zu erklären, warum die Reichsbank nicht in berechtigtem Selbstschutz nachdrücklich auf dieses Mittel hingewiesen hat. Es bestand darin, die Barausgaben des Reiches

---

[1] Vgl. von Lumm: Die Stellung der Notenbanken in der heutigen Wirtschaft. Berlin 1909 (S. 40/1).

für die verschiedensten Zwecke — Materialbezüge für die Reichsbetriebe, Entschädigungen gemäß des Friedensvertrages, Bezahlung der Reparationssachleistungen — dadurch einzuschränken, daß man die forderungsberechtigten Erwerbskreise teilweise mit verzinslicher **Anleihe** statt mit Bargeld oder unverzinslichen, dem Bargeld gleichstehenden **Schatzanweisungen** befriedigte. Der naheliegende Einwand, daß die Anleihe auf Ablehnung gestoßen wäre, und daß insbesondere die Industriellen sich geweigert haben würden, Kohle, Eisen und Wiederaufbaumaterial zu liefern, wenn man ihnen den größeren Teil des Preises in einem Anlagepapier statt in barem Gelde zahlte, ist nicht stichhaltig. Wer vor die Wahl gestellt wird, ob er halb gegen bar und halb gegen Schuldverschreibung liefern oder überhaupt keinen Auftrag erhalten will, wird sich der Regel nach für das erstere entscheiden. Sogar das Ausland pflegt kreditwillig zu sein, wenn der Kredit die Bedingung für die Auftragserteilung ist. Man denke an die beträchtlichen Kohlenkredite, die England deutschen Industriellen gewährt hat, und die es dem Reiche gewährt haben würde, wenn dieses nicht das Vertrauen in seine Zahlungsfähigkeit durch eine auf die Notenpresse eingestellte Finanzpolitik untergraben hätte. Im übrigen hat das Reich durch seine Zwangsanleihe und seine Devisenbeschlagnahmen gezeigt, daß ihm im Weigerungsfalle Machtmittel zu Gebote gestanden hätten.

Nicht nur staatsfinanzielle und währungspolitische, sondern auch allgemein volkswirtschaftliche Erwägungen hätten es dem Reiche nahelegen sollen, wo irgend möglich mit Anleihe statt mit barem Gelde zu zahlen. Die Eigenart der Kriegs= und Nachkriegswirtschaft hat in bestimmten Erwerbskreisen eine Kapitalanhäufung herbeigeführt, die infolge des Fehlens der normalen Anlagegelegenheiten, insbesondere infolge des Stillstandes der Bautätigkeit, die der stärkste Kapitalansauger ist, zu den unerfreulichsten Erscheinungen geführt hat. Teils hat sich das Kapital rein konsumtiven Zwecken zugewendet und einen mit Deutschlands wirtschaftlicher und politischer Lage aufs schärfste kontrastierenden Luxusverbrauch gezüchtet, teils hat es eine — dem früheren „Bauernlegen" nahe verwandte — betriebliche Konzentration oder besser Kumulation hervorgerufen, die ihren Grund nicht in der Betriebsökonomie, sondern in der Jagd nach Anlageobjekten hatte. Diese Erscheinungen sowie das Hinausdrängen deutschen Kapitals in das Ausland haben allerdings erst unter dem Einfluß des Währungsverfalles ihre schärfste Form angenommen; sie haben aber zum mindesten eine ihrer Hauptwurzeln in dem Mißverhältnis, in dem die Fülle neugebildeten — oder richtiger neugeschichteten — Kapitals zur rationellen Verwendungsmöglichkeit stand. Das fortlaufende Absaugen möglichst großer Kapitalmengen durch eine perpetuierliche Reichsanleihe würde erheblich dazu beigetragen haben, die neu entstehenden Einkommen aus der Richtung des Konsums in die der Kapitalbildung umzulenken. Auf allen Erwerbsgebieten wäre dadurch eine organische Anpassung an die Erfordernisse einer im Zeichen des Aufbaues und der Arbeit stehenden Zeit herbeigeführt worden.

Zum Schaden der deutschen Wirtschaft hat die Reichsbank ihren Einfluß auf die Reichsregierung niemals dazu benutzt, auf den großen wirtschaftserzieherischen Wert einer fundierten Anleihe hinzuweisen. Daß sie aber auch unter dem Gesichtspunkt ihrer eigenen Stellung innerhalb der Wirtschaft und im Interesse der ihr anvertrauten Währung niemals energisch auf die Abkehr von der Schatzanweisungspolitik gedrungen hat, wird von späteren Geschlechtern schwer verstanden werden. Die Bank ist zwar wiederholt für die Ausschreibung einer Zwangsanleihe eingetreten, als eine solche aber im Sommer 1922 tatsächlich aufgelegt wurde, machte die Bank die Wirkungen der Anleihe auf ihre eigene finanzielle Stellung und ihren Notenumlauf dadurch unwirksam, daß sie nunmehr neben dem Reiche auch der Erwerbswirtschaft ausgedehnte Kredite zur Verfügung stellte und aus der Notenpresse bestritt. Vom 1. Juli bis 31. Dezember 1922 erhöhte sich ihr Bestand an Privatwechseln von 4,7 auf 422,2 Milliarden Mark, also auf fast das Hundertfache. Das war eine etwa fünfzehnmal stärkere Zunahme, als sie die Reichsschatzanweisungen während derselben Zeit erfuhren. Von irgendeiner wirtschaftserzieherischen Wirkung der Zwangsanleihe — die überdies mehr einer Steuer als einer Anleihe glich — konnte unter diesen Umständen keine Rede sein.

5. Die Reichsbank und die Währung.

Im Verwaltungsbericht der Reichsbank für das Jahr 1920 findet sich die bereits einmal zitierte Feststellung, daß das Berichtsjahr gekennzeichnet sei „durch eine übermäßige Ausdehnung des Geldumlaufes mit ihren verderblichen Folgeerscheinungen zunehmender Geldentwertung und Valutaverschlechterung". Hier ist zum erstenmal der Währungsverfall auf seine wirkliche Ursache, nämlich die Inflation, zurückgeführt worden. Im nächsten Jahresbericht (für 1921) wird dann auch der innere Zusammenhang zwischen Inflation und Geldentwertung mit zutreffenden Worten erklärt: „Auf diese Weise strömten in den Inlandsverkehr Milliardenbeträge an papiernen Geldzeichen, die das Mißverhältnis zwischen Güter- und Geldmenge vergrößerten und an der Steigerung der Löhne, Gehälter und Preise mitwirkten."

In früheren Jahren war dieser Zusammenhang zwischen Währungsverfall und Notenpresse niemals zugegeben worden. Eine lange Reihe anderer Ursachen hatte herhalten müssen, um die sinkende Kaufkraft der Mark, namentlich aber ihre Minderbewertung im Ausland, zu erklären. Noch im Jahresbericht für 1918 werden für das Sinken des Markkurses folgende Ursachen aufgezählt: die Notwendigkeit, größere Einfuhren aus dem neutralen Auslande zu bezahlen; die deutschen Zahlungsverpflichtungen gegenüber seinen Verbündeten; der Rückgang des österreichischen Kronenkurses; das Mißtrauen in die wirtschaftspolitischen Verhältnisse Deutschlands; endlich „in nicht zu unterschätzendem Umfange" spekulative Einwirkungen und deutschfeindliche unlautere Machenschaften. Und im Bericht für 1919 treten als weitere vermeintliche Ursachen noch hinzu: der sinkende Kredit des Deutschen Reiches; die Kapitalflucht; die wachsende Schwierigkeit, fällige Auslandsvorschüsse zurückzuzahlen; vor allem aber die außerordentlich ungünstige Gestaltung der deutschen Handels- und Zahlungsbilanz. Es war dies die Auffassung, die damals auch im Kreise der zünftigen Volkswirtschaftslehre durchaus vorherrschend war, und der unter anderem Karl Elster mit den Worten Ausdruck verliehen hat: „Der Kurs der Reichsmark ist gesunken, weil während des Krieges die handelspolitische Machtstellung des Deutschen Reiches den neutralen Staaten gegenüber eine Einbuße erlitten hat." [1]

Aber auch dann noch, als die Ursache des Währungsverfalles in der gewaltigen Zunahme des Geldumlaufes erkannt worden war, wurde das Kausalverhältnis immer wieder in der Weise verschoben, daß das Moment der „passiven Zahlungsbilanz" als das primäre Übel bezeichnet wurde, das Reich und Privatwirtschaft zwinge, Überpreise für ausländische Zahlungsmittel zu bewilligen und sich das erforderliche Geld durch Reichsbankkredit und somit durch die Notenpresse zu beschaffen. Und wenn auch anerkannt wurde, daß die Überanstrengung der Notenpresse ihrerseits zu einer weiteren Verschlechterung der Markbewertung

---

[1] Die deutsche Valutapolitik nach dem Kriege. Stuttgart 1919.

führe, so wurde doch als Ausgangspunkt in diesem Circulus vitiosus neben den Reparationsforderungen der Entente noch immer „die trostlose Gestaltung der Zahlungsbilanz" betrachtet (Reichsbankbericht für 1922, Seite 8).

Weder im engeren Kreise der Reichsbankverwaltung noch im weiteren Kreise der Sachverständigen, deren Rat die Politik der Bank maßgebend beeinflußte, ist mit hinreichender Klarheit erkannt worden, daß die Zahlungsbilanz eines Landes vom Stande seiner Währung, nicht aber die Währung von der Zahlungsbilanz abhängt. Oder genauer gesagt, daß die Ausgleichung der Zahlungsbilanz — denn die Zahlungsbilanz jedes Landes gleicht sich unter Zuhilfenahme des Kredits aus — bei einem Stande der Wechselkurse eintritt, der ausschließlich von der Geldverfassung der einzelnen Länder bestimmt wird [1]. Diese Umkehrung von Ursache und Wirkung mußte notwendig zur Folge haben, daß man den Verfall der deutschen Währung nicht bei seiner Wurzel, der Notenemission, sondern bei seinen Ausläufern bekämpfte, und daß die ganze Währungspolitik der Reichsbank sich in Maßnahmen erschöpfte, die sich gegen Symptome richteten und daher erfolglos bleiben mußten.

Man kann die Maßnahmen, die von der Reichsbank selbst oder unter ihrer beratenden Mitwirkung von der Reichsregierung zum Schutze der deutschen Währung ergriffen worden sind, in zwei Gruppen teilen, je nachdem die Entschließungen administrativer oder taktischer Art waren. Viel Erfindungsgabe und Scharfsinn ist dabei nicht aufgewendet worden. Vielmehr handelte es sich bei beiden Gruppen fast ausnahmslos um solche Mittel des Währungsschutzes, die auch in anderen Ländern mit deterioriertem Gelde zur Anwendung gekommen und, da gegen Folgeerscheinungen statt Ursachen gerichtet, auch dort ergebnislos geblieben sind.

An der Spitze der **administrativen** Maßnahmen standen nach dem Kriege wie schon während desselben die Beschränkungen des Zahlungsverkehrs mit dem Auslande und die zahllosen Devisenverordnungen, die den Kreis der zum Handel in fremden Zahlungsmitteln Berechtigten bald enger, bald weiter faßten. Sie hatten den Zweck, die Spekulation zu unterbinden und den Importhandel zu veranlassen, Barzahlung, wo irgend möglich, zu unterlassen und statt dessen Kredit im Auslande in Anspruch zu nehmen. Der Erfolg war meist ein negativer;

---

[1] Vgl. meine Abhandlung „Von der Zahlungsbilanz" im Juliheft 1923 der „Bank".

ja zuweilen und namentlich im Herbst 1923 hatte die Ankündigung jeder neuen Beschränkung des Devisenverkehrs die unmittelbare Folge, daß eine „Vorversorgung" des Marktes mit Devisen einsetzte, und daß die Wertgeltung der Mark hierdurch und durch die psychologischen Wirkungen der Maßnahme einen empfindlichen Stoß erlitt. Hatte aber die Handelsbeschränkung wirklich einmal Erfolg, weil die Spekulation die Devisenkurse höher getrieben hatte, als es der inneren Kaufkraft der Mark entsprach, so wurde die Wirkung sehr bald dadurch wieder aufgehoben, daß die Inflation dem Binnenmarkte eine neue Nachfrage zuführte, die Preise steigerte bzw. die Kaufkraft der Mark schwächte und nunmehr auf dem Wege über den Außenhandel die Devisenkurse wieder in die Höhe trieb.

Daran änderten auch die rigorosen Maßnahmen gegen die Kapitalflucht, insbesondere die Grenzüberwachung, Postkontrolle und zeitweilige Aufhebung des Bankgeheimnisses, nichts. Je schärfer die Verordnungen wurden, um so mehr stellten sich zweifelhafte Elemente in den Dienst eines wohlorganisierten Devisenschleichverkehrs, dessen Fäden nach dem Auslande, vor allem den östlichen Anliegerstaaten, reichten. So bedurfte es gar nicht erst der Durchlöcherung der deutschen Kontrollen durch die „Freizone" des besetzten Rheinlandes, in denen sich zahlreiche Auslandsbanken den in Rumpfdeutschland verbotenen Geschäften widmeten, um alle Maßnahmen des Währungsschutzes illusorisch zu machen. Aber auch wenn sie wirklich den zeitweiligen Erfolg gehabt hätten, den Markwert im Auslande zu stützen, würde früher oder später nur ein um so jäherer Sturz die Folge gewesen sein. Der Binnenwert der Mark, der durch alle diese Maßnahmen nicht berührt wurde, sondern in alleiniger Abhängigkeit von den quantitativ-zirkulatorischen Veränderungen des deutschen Geldwesens stand, würde alsdann so tief unter den Außenwert gesunken sein, daß die Ausfuhr dadurch abgedrosselt, die Einfuhr aufgepeitscht und die Zahlungsverbindlichkeiten an das Ausland ins Riesenhafte gesteigert worden wären, mit dem unvermeidlichen Endergebnis einer nachträglichen, nur um so schärferen Devisenhausse.

Um das Markangebot im Auslande zu verringern und andererseits den Devisenbedarf des Reiches sicherzustellen, hatte die Reichsbank durchzusetzen gesucht, daß der Handel im Auslande in Mark zahle, dagegen bei seinen Exporten in Valuta fakturiere. Naturgemäß blieb auch dieser Maßregel der Erfolg versagt. Denn in dem Maße, wie die

Nachfrage nach Devisen im Inlande sank, stieg im Auslande das Angebot von Mark oder wurde dort die Nachfrage nach Mark verringert. Das Wertverhältnis zwischen der deutschen und den fremden Währungen wurde um nichts gebessert, wenn der Angriff von der Markseite statt von der Devisenseite her erfolgte. Es hat lange gedauert, ehe man erkannte, daß Markbewertung im Auslande und Devisenbewertung im Inlande korrespondierende Größen sind, die beide im Abhängigkeitsverhältnis zur realen Kaufkraft der Mark stehen und durch keine markttechnische Vorschrift aus diesem Verhältnis befreit werden können.

Von den Versuchen, dem Währungsverfall mit dem Mittel des bargeldlosen Zahlungsverkehrs entgegenzuarbeiten, ist an anderer Stelle schon gesprochen worden. Hier handelt es sich um eine der wenigen Maßnahmen, bei denen die Reichsbank Originalität bewiesen hat, und die man in anderen valutakranken Ländern nicht oder nur als Nachahmung wiederfindet. Die Erziehung der Wirtschaft zum Giroverkehr ist ein altes Steckenpferd der Reichsbank, dem die Jahresberichte des Institutes viel Raum widmen, und in dessen Dienst eine eigene Abteilung der Bank sowie eine mit ihrer Unterstützung geschaffene Zeitschrift gestellt worden sind. Und hier kann wohl auch ein gewisser Erfolg konstatiert werden. Die bargeldlose Zahlung setzt voraus, daß die Wirtschaft eine große Barreserve an zentraler Stelle unterhält, und aus dieser Reserve kann das zentrale Institut — hier die Reichsbank — Geldmittel schöpfen, die es sich sonst durch Notenausgabe beschaffen müßte. Es handelt sich dabei nicht um eine Geldschöpfung besonderer Art, um die Erzeugung eines „Buchgeldes", das dem Zeichengelde wesensgleich ist und dieselben inflationistischen Wirkungen wie dieses hat, sondern um eine Nutzbarmachung echter, wirtschaftsgeborener Kaufkraft. Die verfügbaren Reserven des gewerblichen Verkehrs werden dadurch genau so angesaugt wie durch die Begebung einer Anleihe oder die Unterbringung von Schatzanweisungen in kapitalistischen und Bankkreisen. Nur wird der notensparende Effekt dieser Ansaugung in dem Maße wieder illusorisch, wie die der Reichsbank überlassenen Reserven nicht als Barfonds für die etwaigen Rückforderungen der Einleger dienen, also nicht den Kassenbestand der Reichsbank erhöhen, sondern im Kreditwege wieder dem Umlauf zugeführt werden und nunmehr zum zweiten Male Zahlungsdienste verrichten. Denn diese zweimalige zirkulatorische Ausnutzung eines und desselben Geldbetrages — einmal im Umschreibungs- und zum anderen im Bar-Verkehr — bedeutet nichts anderes als eine entsprechende Erhöhung der Umlaufsgeschwindigkeit des Geldes in seiner Gesamtheit und wirkt genau so wie eine Geldvermehrung bei unveränderter Umlaufsgeschwindigkeit. Als Maßnahme gegen die Inflation und deren geldwertmindernde Folgen ist also die Propaganda für den bargeldlosen Zahlungsverkehr nur bedingt und in engen Grenzen wirksam.

Was die Bemühungen der Reichsbank angeht, dem Währungsverfall mit taktischen Mitteln, also aktiv statt administrativ, entgegenzuarbeiten, so haben sie Erfolg nur dann gehabt, wenn sie das Übel an der Wurzel packten, d. h. die Inflation bekämpften. Als wirksam anzusehen hat man also die Anstrengungen, welche die Bank bis zum Sommer 1922 gemacht hat, um den Kreditanspruch der Privatwirtschaft einzudämmen, indem sie nur ganz geringfügige Mengen Handelswechsel zum Rediskont annahm. Diesen ihren Bemühungen hat die Bank aber selbst wieder dadurch entgegengewirkt, daß sie einen großen Teil der von ihrer Diskontabteilung abgelehnten Kredite in abgeänderter Form (Lombard statt Diskont) bei den Darlehenskassen befriedigte, die sich im Laufe der Zeit zu einer Art Lombardabteilung der Reichsbank entwickelt haben. Die größere Hälfte der hier gewährten Kredite entfällt allerdings auf die Reichs- und Bundesregierungen, im Jahre 1922 insbesondere auf die Reichsgetreidestelle, und ist genau so zu beurteilen wie die Schatzanweisungskredite der Bank selbst; es ist nur ein formaler Unterschied, daß im letzteren Falle Schatzanweisungen, im ersteren Darlehenskassenscheine als Deckung zusätzlicher Notenmengen bei der Reichsbank hinterliegen. Aber auch die der Privatwirtschaft, insbesondere den Banken, Sparkassen und Kreditgenossenschaften, gewährten Kredite der Darlehenskassen haben inflationistisch gewirkt, da sie gleichfalls die mittelbare Deckung für Banknoten bildeten. Insoweit diese Kredite auf Reichsanleihen (anfangs Kriegsanleihen, später Sparprämienanleihe, im Herbst 1923 in großem Umfange Dollarschatzanweisungen) gewährt worden sind, stellen sie die Zurücknahme einer bereits am Markt untergebrachten fundierten Schuld und deren Rückverwandlung in schwebende Schuld mit einer entsprechend verstärkten Inanspruchnahme der Notenpresse dar; sie haben also die wohltätige Wirkung der Diskontpolitik, solange diese im Zeichen der Kreditabwehr stand, wieder aufgehoben.

Als wirksam im Sinne einer wenn auch geringfügigen Verminderung der Geldaufblähung ist die Goldpolitik der Reichsbank in ihrem positiven, goldansaugenden Teil anzusehen. Mit äußerster Energie hat die Bank im Kriege und nach dem Kriege an der Verstärkung ihres Goldvorrates gearbeitet (Höchstbestand am 7. November 1918: 2,55 Milliarden Mark gegen 1,25 Milliarden Mark am 31. Juli 1914). Da diese erfolgreichen Bemühungen, den nationalen Bestand an Gold (und auch an Silber) zu zentralisieren, in der Hauptsache deckungstheoretischen Erwägungen entsprungen sind, so haben sie die erwünschte Wirkung gehabt, die Reichsbank bis etwa Ende 1921 von einer völlig schrankenlosen Ausnutzung ihres Notenprivilegs zurückzuhalten; die Gegenüberstellung von Deckung und Notenumlauf und der Versuch, beide in einem nicht zu ungünstigen Verhältnis zueinander zu erhalten, hat das Fehlen quantitätstheoretischer Bedenken bis zu einem gewissen Grade ersetzt.

Vollkommen versagen mußten aber angesichts der Gesetzmäßigkeit des Geldentwertungsprozesses die Bemühungen der Bank, dem Währungsverfall mit Hilfe des so angesammelten Goldbestandes Einhalt zu tun. Die Bank war aus der Vorkriegszeit her gewohnt, jede Goldausfuhr mit einer sofortigen Besserung der Wechselkurse beantwortet zu sehen, und erhoffte eine gleiche Wirkung auch nach dem Kriege. In dieser Erwartung mußte sie sich notwendig getäuscht sehen. Wenn in Ländern mit intakter Goldwährung die Wechselkurse auf jede Goldbewegung prompt reagieren, so liegt das nicht an irgendeiner Sondereigenschaft des Goldes — das Gold ist als Exportgut eine Ware wie jede andere und beeinflußt als solches die Zahlungsbilanz nicht mehr als ein wertgleiches Quantum Getreide oder Kupfer —, sondern es liegt ausschließlich an den quantitativen Veränderungen, welche die Goldbewegung im nationalen Geldumlauf hervorruft. Eine Goldausfuhr bedeutet Kreditrestriktionen der in ihrem Goldbestande geschwächten Zentralbank und eine Verminderung ihrer Notenausgabe; infolgedessen ein entsprechendes Einschrumpfen der umlaufenden Geldmenge, das seinerseits einen (normalerweise kaum sichtbaren) Rückgang der Preise und eine (ebenfalls nicht sichtbare, da die fungibelsten Güter, wie Effekten u. dgl., erfassende) Steigerung der Ausfuhr hervorruft. Diese Fernwirkungen der Goldausfuhr, nicht aber die Ausfuhr selbst und das etwaige Goldguthaben, das dadurch im Auslande entsteht, bringen die gestörte Zahlungsbilanz des Goldwährungslandes ins Gleichgewicht und stellen den Normalstand der Wechselkurse wieder her. In einem Inflationslande aber, in dem die Goldbewegung ohne jeden Einfluß auf die Menge der Zahlungsmittel, den Stand der Preise und die Richtung des Totalaußenhandels bleibt, können noch so große Goldausführen keine andere als die minimale Wirkung haben, welche die Ausfuhr jedes beliebigen anderen Gutes hervorruft. Und deshalb sind auch die gelegentlichen Versuche der Reichsbank, dem Außenwert der Mark mit ihrem Golde zu Hilfe zu kommen, ausnahmslos ohne Erfolg geblieben. Im übrigen hat die Bank nur den kleineren Teil ihres Goldbestandes, der allmählich bis auf weniger als eine halbe Milliarde zusammengeschrumpft ist, derartigen Interventionsversuchen geopfert. Den größeren Teil hat sie dem Reiche zur Abdeckung von Auslandskrediten überlassen müssen, für die es infolge der Inflation an Devisen fehlte, sowie zur Leistung von Reparationszahlungen, für letztere namentlich nach dem Waffenstillstand im November 1918 und nach dem Londoner Ultimatum im Sommer 1921.

Erfolglos blieb aus denselben Gründen auch die Devisenpolitik der Reichsbank. Weder der Ablieferungszwang für Exportdevisen, der auf Veranlassung der Bank im Verordnungswege verhängt wurde, noch die Devisenbeschaffung gegen Hingabe von Dollarschatzanweisungen, für die das Gold der Bank haftet, noch endlich die Devisenkäufe, die das Reichsbankdirektorium am offenen Markte vornahm, und die namentlich im Jahre 1920 ganz außerordentliche Verluste verursachten[1], übten auf die Bewertung der Mark im Auslande einen anderen als schnell vorübergehenden Einfluß aus. Nur einmal, in den zehn Wochen von Anfang Februar bis Mitte April 1921, gelang es der Bank, die Wechselkurse im Wege der Interventionspolitik auf einem künstlich herabgedrückten Stande zu stabilisieren. Eine vorangegangene Ausschreitung der Spekulation, die ihre Markbewertung auf ein noch nicht erreichtes, aber vermeintlich bevorstehendes Inflationsstadium einstellte, kam der Bank dabei zu Hilfe. Der Rückschlag im Sommer und Herbst war aber nur um so stärker. Spätere Versuche, die Devisenkurse längere Zeit auf einem künstlich ermäßigten Stande zu halten, sind ausnahmslos mißglückt. Die im Herbst 1923 befolgte Taktik, die amtliche Notierung der Devisenkurse willkürlich vorzunehmen und — nach russischem Vorbild — niedrige Kurse festsetzen zu lassen, ohne die Nachfrage zu diesen Kursen zu befriedigen, hat nur das Entstehen „schwarzer Börsen" gefördert, an denen oft mehr als das Doppelte des amtlichen Kurses gezahlt wurde.

So hat die Reichsbank vergeblich viel Mühe aufgewendet, um eine Währungsnot zu bekämpfen, deren Ursprung sie nicht in der Reichs-

---

[1] Vgl. Verwaltungsbericht der Reichsbank für das Jahr 1920, S. 10.

finanzpolitik und nicht in ihrer eigenen Willfährigkeit gegenüber dieser Politik, sondern in Momenten erblickte, die ausnahmslos nur Wirkungen und Symptome des Übels waren. Sie hat zwar in einem späteren Stadium der Inflation den Zusammenhang zwischen Geldvermehrung und Geldverschlechterung nicht mehr in Abrede gestellt, zu keiner Zeit aber dahin gewirkt, daß das Reich sein Finanzierungssystem ändere. Darin vor allem besteht ihre große Mitschuld an dem Verfall der deutschen Währung. Schon als sie es duldete, daß die Schatzanweisungen des Reiches den andersgearteten Schatzwechseln und damit auch den Warenwechseln gleichgestellt wurden, beging sie, streng genommen, einen Verstoß gegen ihre Pflicht als Hüterin der deutschen Währung. Den zweiten Verstoß beging sie, als sie die Schatzanweisungen nicht mit allen Mitteln, die ihr die Markttechnik und ihre ausgedehnte Machtvollkommenheit an die Hand gaben, in den Kapitalverkehr preßte, sie vielmehr als Deckung nicht nur ihrer eigenen Mittel und ihres normalen Notenkontingentes, sondern eines uferlosen Geldumlaufes verwandte. Hier liegt neben dem volkswirtschaftlichen auch ein Rechtsverstoß vor, denn das Bankgesetz bestimmt in seinem Paragraphen 12, daß die Reichsbank nur die Aufgabe hat, den Geldumlauf zu regeln, die Zahlungsausgleichungen zu erleichtern und für die Nutzbarmachung v e r f ü g b a r e n Kapitals zu sorgen. Sie hat also den Kreis ihrer Kompetenzen überschritten, und es ist bereits die Frage zur Diskussion gestellt worden, ob sie nicht für den daraus entstandenen Schaden zivilrechtlich haftbar gemacht werden könne[1]. Wenn man es auch den Reichsbankleitern zugute halten muß, daß sie nach der ursprünglichen Rechtskonstruktion der Reichsbank mittelbare Reichsbeamte und als solche zu einem Widerspruch gegen Bestimmungen der Reichsregierung nicht befugt waren, so hätte man doch erwarten sollen, daß sie in ihrer Eigenschaft als maßgebende Sachverständige und berufene Berater der Regierung ihre Stimme gegen jede der Reichswährung abträgliche Finanzpolitik erhöben. Einem besonders schweren Vorwurf aber haben sie sich dadurch ausgesetzt, daß sie auch dann noch keinen Widerspruch gegen diese Politik und gegen die ihnen dabei zugemutete Hilfeleistung erhoben haben, als die Reichsbank ein autonomes Institut wurde, und sie selbst ihre Beamteneigenschaft abstreiften. Die Erwägung, daß die schweren Bedingungen des Versailler Friedensvertrages die Reichsfinanzpolitik

---

[1] Amtsrichter S c h n e i d e r: Die rechtliche Verantwortung von Reich und Reichsbank für die deutsche Geldpolitik. München 1922.

notwendig in eine verhängnisvolle Richtung drängen mußten, kann die Reichsbank nicht entschuldigen. Denn gerade die Schwere dieser Bedingungen hätte den Hütern der deutschen Währung verdoppelten Anlaß geben müssen, den Kapitalmarkt bis zur Grenze seiner Leistungsfähigkeit für den Reichsbedarf in Anspruch zu nehmen und eine Belastung der ohnehin bedrängten deutschen Wirtschaft mit der drückendsten aller Steuern, der Geldentwertung, mit allen Mitteln zu verhindern.

Printed by Libri Plureos GmbH
in Hamburg, Germany